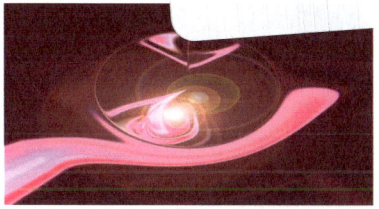

Münchhausen Power

© 2018 Englert Axel

Herstellung und Verlag:

BoD- Books on Demand, Norderstedt

ISBN- 9783752873528

Umschlaggestaltung/ Text/ Fotos/Cover:
Axel Englert - www. mental-x.de
Crissan - collections

Mit freundlicher Genehmigung!

Inhaltsangabe

Prolog

Ich wundere mich, heute, aus meinem Himmelselysium, auf die Welt blickend, dass die ganze Welt mich, Hieronymus, Freiherr von Münchhausen als einen Lügenbaron bezeichnet!

Da ich ja auch, aus meiner adligen Erziehung heraus, von dem alten Jesus begeistert bin, muss ich sagen, dass gerade er ja sehr viele Wunder, in der Begegnung mit verrückten Dingen und Situationen, vollbracht hat, als ein „Gottessohn", der wir ja im Prinzip doch alle sind, noch als Ebenbild, als Söhne und Töchter eines „Göttlichen Prinzips", von diesem am Anfang seiner Weltschöpfung bezeichnet.

Hat er nicht davon gesprochen, dass Glaube! - Berge versetzen kann und dass wir alle das können, wenn wir nur glauben?

Zu guter Letzt hat er im Gleichnis vom Senfkorn festgestellt:

"Das alles könnt ihr auch...das Königreich ist in jedem von uns!"

Er hat doch Hände „aufgelegt" - Brote und Fische vermehrt, Wasser in Wein verwandelt - Prophezeiungen gemacht. Er hat davon gesprochen, dass Glaube Berge versetzen kann, hat Flüche ausgesprochen, damit angebliche Dämonen in Schweine gebannt und Feigenbäume durch seine „Magie" augenblicklich verdorren lassen. Er hat Lazarus von den Toten erweckt, den Jüngling von Naim geheilt sowie Blinde, Aussätzige und ist auf einem See gewandelt. Zuletzt ist er da noch von den Toten auferstanden, durch Wände gegangen und angeblich auch in den Himmel aufgefahren, wie ich zum Mond!

Warum soll ich da ein Lügenbaron sein?

- wenn ich auch verrückte wunderliche Fähigkeiten kreieren und erleben konnte, wie „Pferde auf dem Kirchturm parken" - „auf Pferden mit halbem bzw. abgetrenntem Hinterteil reiten und „unglaubliche Enten- Hirsch- und Bärenjagden" inszenieren durfte.

Wölfe habe ich, mit ihren Eingeweiden, unter Lebensgefahr, von innen nach außen „umgekrempelt" und auch den Mond gelang es mir, als erster Mensch, zu bereisen! - und nicht zu vergessen: Mein berühmter „Ritt auf den Kanonenkugeln" und meine Fähigkeit, mich am „Schopfe aus einem Morast" zu ziehen, als ich fast am "Absaufen" war. Oder sind es vielmehr bedeutsame „geheimnisvolle" Gleichnisse dafür, dass jeder Mensch aus der Kraft seines Bewusstseins mit dem Glauben an den „göttlichen Funken", aus sich, ein „wunder"-volles Leben kreieren kann, selbst wenn es im Äußeren noch so „stürmt"!

Auch dieser Jesus sprach doch in vielen Gleichnissen immer nur davon, dass „ ...der Vater durch ihn" die Werke tut – aber nicht nur er selbst! – Denn wir sind ja alle seine Ebenbilder – also alle göttlich!

Musste ich das vielleicht in verrückte Geschichtsgleichnisse so aufrüttelnd verpacken, weil zu meiner Lebenszeit solche Gedanken einer vernichtenden gesellschaftlichen Verurteilung, durch den mächtigen Klerus mit seinen dogmatischen Ritualbeamten, gleichkam - oder ist alles doch meine äußere erfahrene Welt oder intensive Bewusstseinsreisen in den unbegrenzten Weltenraum meiner Seele? - Sucht es euch aus – aber ich habe es in meiner Welt erlebt und erfahren!

Denn: „Ich glaube, was ich sehe" ist nicht richtig, sondern du erlebst, was du tief in dir innerlich glaubst". Deine bewussten oder unbewussten, emotional aufgeladenen Überzeugungen, sind dabei der „Zaubertrank", der deine Wirklichkeiten erzeugt!

Wenn ihr nun das Nachfolgende gelesen habt, werdet ihr meine Abenteuer, mit meinen Einsichten, vielleicht mit ganz anderen Augen und Sinnen sehen, was vielleicht auch eurem Leben zu Gute kommt!

Also viel Spaß und Kratzfuß, auch mit **„Die Abenteuer des Freiherrn von Münchhausen"**, die ihr überall lesen könnt, niedergelegt von meinem geschätzten (?) Biographen „Gottfried August Bürger"!

Hier sind nun meine erprobten und verinnerlichten Grundlagen für meine Glaubensphilosophie der „Münchhausen – Power"!

Lügner oder Weiser?

Es versammelten sich einmal ungeheuer viele Raupen am Fuße einer großen Eiche, um hoch zu kriechen zu den wirklich großen Blättern, an den großen Ästen nahe dem Licht, die reiche Nahrung versprachen, besser als die halbvertrockneten, fast ungenießbaren Blätter von kleinen Ästen nahe am Stamm!

Es war ein Gedränge und ein Kampf um die besten Plätze und jeder wollte sich hoch kämpfen und schubste und verdrängte – Diejenigen, die schon oben waren wollten von der reichhaltigen Nahrung nichts hergeben und stießen die hungernden Nachdrängenden wieder zurück, Viele von dort oben aber, wurden, vom dem Abwehrkampf selbst mehr und entkräftet, auch selbst wieder nach unten gestoßen. Es ging auf und ab- und viele gaben entkräftet oder frustriert auf oder starben an Erschöpfung am Fuße des Baumes!

Auch eine kleine Raupe namens „Münchhausen" versuchte lange an Blätter zu kommen, aber sie schaffte es nicht. Umher gestoßen und verletzt gab sie, die Sinnlosigkeit des Kampfes einsehend, auf – und beschloss in der Stille, nach zu denken was zu tun sei! – meinte zu sterben und schlief ein!

Da erschien ihr im Traum der große Lebensgeist und zeigte ihr das Bild eines flatternden bunten Schmetterlings. Dieses Bild dieses Schmetterlings berührte die kleine Raupe sehr und sie beschloss, sich mit ihrem ganzen Gefühl auf das Bild diese flatternde Schmetterlingsenergie ein zu fühlen und mit ihr zu verschmelzen.

Es war ein wunderbares erhebendes Erlebnis für die kleine Raupe Münchhausen, das ihr wieder Kraft, Mut und neues Selbstwertgefuhl schenkte.

Dann wachte sie auf, sah an sich herunter und welche wunderbare Verwandlung!

Sie war zu diesem Schmetterling ihres Traumes geworden!

Sie breitete ihre Flügel aus und flog hoch hinauf, zu den großen Blättern, um sich zu laben, vorbei an den kämpfenden Brüdern, die offensichtlich die Botschaft des großen Lebensgeistes, aus ihrem Inneren, noch nicht hören wollten und sich im Kampfe aufrieben.

Sie alle glaubten fest daran, in ihrem Leben stets kämpfen zu müssen, in ihrem alleinigen „geglaubten" irdischen begrenzten Fressdasein, gebunden an ihre materielle Erscheinungsform, die sie für die einzige Wirklichkeit in ihrem „Mainstream" hielten.

Nun aber schrien sie beim Anblick des Münchhausenfalters laut:

„Lügenbaron"- Es gibt nur unser einziges Leben in dieser „Realität" in unserem schützenden Kokon. Das ist eine augenscheinlich bewiesene Wirklichkeit und es gibt keine andere und nach unserer Existenz gibt es „Nichts"!

Mir, dem Falter Hieronymus Münchhausen aber, war alles so unendlich leicht geworden – "Auf und Ab" – "Hin und Her" – die ganze Welt stand offen! – Verwirklichte Traumfreiheit pur! - und nur wenige folgten meinem Beispiel!

Nebenbei, in Münchhausenart, im Sinne des obigen Beispiels, einmal spitzfindig bemerkt:

Könnte es sein, dass dieser Jesus gar nicht die Aufgabe hatte, die Menschen von ihren Sünden zu erlösen. Die Menschen sind ja Gottes Ebenbild, sein Ausdruck in der Materie in den vielfältigsten Formen mit ihren selbsterschaffenen Traumerfahrungen im Einverständnis des Weltengeistes, der ja immer mehr oder weniger in ihnen bewusst ist! Außerdem kann ja gar nichts außerhalb des Göttlichen existieren, da es ja die Ursache von allem, was ist darstellt.

Wäre es vielleicht nicht so, dass dieser Jesus die Menschen nur von einer einzigen „Sünde", wenn man es so sehen will, erlösen wollte, nämlich:

Sich als ein Raupenkokon zu empfinden, der nur der Körperlichkeit und der Begrenztheit unterworfen ist!

Zeigte „Er" nicht vielmehr eindrucksvoll für alle Menschen, als seine „Lebensaufgabe" bzw. Anliegen, dass das angebliche „Gefesselt oder gebunden sein", am materiellen Kreuz des Lebens, mit seinem Tod, die Auferstehung ist, dass es den Tod nicht gibt, sondern nur eine Verwandlung in eine neue Form, durch ein Aufgeben des bisherigen Raupenkokons, die in eine neue körperliche Form der Erfahrung führt!
Er hat so die Menschen nie von angeblichen Sünden erlöst, sondern demonstriert, als eine ihm innewohnende „eingeborene" Anlage, quasi Lebensthematik, dass es in diesem Sinne immer Auferstehung und ein neues Leben gibt und dafür ist jeder Tag ein „Jüngster Tag"! und jeder von uns hat diese Anlage als „Sein Eingeborener Mensch,- Sohn-Tochter"- mit eigenen Lebenssinn! Jeder Mensch ist quasi ein konturiertes „Geistbild" aus dem geistigen ewigen Allumfassenden!

Jeder von uns könnte also sagen: „Ich bin die Auferstehung und das Leben, aus meinem Göttlichen Sein heraus!" wobei seine „Ich bin" Aussagen sich auf das bezieht, was da aus ihm spricht, was er erkennt mit „Nicht ich, sondern der „Vater" durch mich tut die Werke". Vorsichtshalber weise ich darauf hin, dass die Bezeichnung „Vater" für mich nicht geschlechtsspezifisch, sondern das „Allumfassend Geistige – Göttliche *(Gott = germ: alles, was ist)* wohl meint"

Für dieses bewusste freiwillige Hingehen, sich ganz und gar nicht als Opfer empfindend, spricht der Text beim Evangelisten Johannes:
„Niemand nimmt mir mein Leben, sondern ich lasse es aus freien Stücken". (Joh. 10,18)

Siehe es auch wie ein Fluss als weitere kleine Inspiration:

Das, was man Gott nennt, das „Allumfassende" – der Weltengeist,, das, was man Gott, das Geistgefäß als „Manifestiertes" mit der Schöpfung nennt, „gebärt" und gestaltet in sich, viele individuelle Flüsse, die man „Seele" nennt!

Jeder Fluss gestaltet sich seine Ufer, sprich seine „Er"-fahrungs – Grenzen – sein „Ego" – seine Identität bzw. sein „Ich".

Das Ufer leitet wieder den Fluss und dieser wirkt korrigierend ständig auf das Ufer zurück und beide bedingen einander, sonst wären sie als solche nicht erkennbar und der Fluss könnte sich als solcher nicht erfahren.

Die Macht und der begrenzte Wille des Ufers sind dabei immer beschränkt, denn jeder Stau, sprich jeder Widerstand, wird der Fluss irgendwann brechen, was symbolisch für Leid und Schmerz steht, die zur Lebensumkehr mit erforderlichen neuen Einsichten führen soll, mit eine neuen erfüllenderen Lebensqualität.

Kein Ereignis ist getrennt voneinander, sondern eingebettet, in ein Fließgleichgewicht, das sich ständig neu erschafft!

So funktioniert das Fließgleichgewicht zwischen beiden!

Beim Fließen ins Meer, *(Symbol für das „Alles, was ist"–das „Geist-gefäß")* verliert der Fluss sein Ufer, ständig seine Form, sprich er „stirbt" und wird wieder „Alles, was ist".

Sogleich wird er „wieder"-geboren" und der Große Geist (Geist = germ. „geysir" = erregt) „ER" gießt seine Wasser wieder über die Landschaft als Regen, sprich „Er"-„Regt"-bzw. „Er"-gießt, indem der Fluss wieder sein Bett findet und sich ständig neu erfährt!

Es ist nicht mehr wie es ist, sondern die große Weite, die sich über seine kleine "Ich-Befangenheit beginnt, zu erheben!

Es ist nicht mehr der Blick auf die erdhafte Wies`n sondern der Blick zum Himmel! wo der Mensch erfasst:

„Der Himmel ist kein Ort, ebenso wenig wie das Paradies! - Er schimmert in jedem und erscheint, wenn man in seinem Inneren mehr und „Meer" die große Weite des Lebensgeistes zulässt!"

Betroffen könnten meine Leser, so wie ich damals, nun die Frage stellen:

Was ist nun "Wahrheit" oder „Traum" meines Lebensflusses? - wenn man meist selber nicht weist, was die Wahrheit für sich ist?

Was Wahrheit, Täuschung oder Lüge für dich bedeutet, musst du durch Erfahrung und Erleben herausfinden und das heißt mehr und mehr zur Entsprechung zw. Innen und außen hinzukommen!

Was für das Alltagsbewusstsein Wahrheit bedeutet, muss für das Seelische bzw. Geistige noch keine sein!

Da ist das Ego, dieses begrenzte menschliche Bewusstsein, in Phasen des Lebens auch nicht Herr im Hause, wenn deine Seele – sein geistiges Bildwerk, deine bisher als richtig empfundenen und erlebten erschaffenen Wahrheiten zunichtemacht, um dich in einen neuen Lebensabschnitt hinein zu stoßen und das macht Angst, wie jede Raupe, die sterbend zum Schmetterling werden soll, die Veränderung fürchtet!

Da wird dir eine neue Wahrheit aufgepfropft!

Aber sie bzw. der Weltengeist, wird es dir durch ihre Informationsverdichtungen geben und du kannst dann stets neu wählen, oder den alten Raupenkokon mitschleppen, der dann den Glaubenssatz bildet mit deiner erlebten Wahrheit:

"Das Leben ist hart bzw. schwer"!

Ist es eine allgemeingültige Wahrheit oder nur Überzeugung des begrenzten Denkens?

Die Wahrheit ist immer ein Spannungsfeld zwischen dem, was du erschaffst und dabei erfährst und sie wird bestimmt, durch unsere Aufmerksamkeit, wohin wir schauen und von welchem Standpunkt!

Wir erfahren alle, was wir mehr oder minder bewusst oder unbewusst glauben und das schafft "Wirk" - lichkeit!

Wenn wir da mehr Ungewissheit statt scharfer Abgrenzung zulassen, sind wir für das Leben offen und schließen uns nicht ein und sind toleranter!

Hinterfragen heißt da ja eigentlich auch nicht, dass das Hinterfragte falsch ist, sondern, es kann einem umfassenderen Verständnis dienen!

Somit kann Wahrheit flexibler sein, als Täuschung, die das, was wir für Wahrheit halten, in ein Dogma pressen will, das wie eine starre Plakatwand, die dir die Aussicht auf dein Leben mit seiner weiten Landschaft und Erfahrungsmöglichkeiten womöglich versperrt! .

So gibt es über nichts eine Wahrheit, außer sie wird erschaffen mit:

"Ja!- so kann man es sehen"!

In unserem auf Polarität bzw. Gegensätzlichkeiten gegründeten Kosmos gibt es also immer gegensätzliche Standpunkte und eine Wahrheit wird umso wahrer, je mehr sie umfassender wird und eint!

Wahrheiten aber, die Angst, Enge und Getrenntheit erzeugen sind begrenzte Ansichten über etwas. Sie schließen aus, betten nicht ein, machen eng und nicht weit und verhindern deine eigenen wundervollen Münchhausenträume und - erfahrungen!

Die wirklich tiefere Wahrheit besteht nun für dich darin, zu erkennen, ob die Wirklichkeit, die du erschaffst bzw. erschaffen willst, für dein Leben funktioniert und dich damit verbindet und dich somit zu dir selbst führt, in den "RE" -Spekt und der Achtung vor deiner Göttlichkeit Rechnung tragend!
("Re" = Ägyptischer Sonnengott und "Spekt" = lat. "spicere" anschauen!)

Du bist niemals getrennt von dem, was du erfährst. Du selbst bist Beobachter und Beobachtetes! Das, was du für deine Wirklichkeit hältst, ist dein persönliches Märchenabenteuer, dein Traumpfad, dein selbst erschaffenes Wunder, eben als konturierter Geist, also „Form". Wenn du es so sehen willst/ kannst, bist du Gottes „Heiliger Geist" d.h. sein Geist in Erfahrung –d.h. „Bewegter Geist" – sein „Bild" -Atem! Dein Glaube an dich und die Bereitschaft zur "Selbst"-erkenntnis als dieses geistige Wesen in Erfahrung, ist dabei die einzige Voraussetzung, derer es bedarf, um dein Leben zu meistern, wie ich Hieronymus Münchhausen auf meiner selbstgewählten „unglaublichen Heldenreise" erfahren durfte!

Wenn also eine Wirklichkeit deinem Leben und der Verbundenheit mit diesem nicht dient, kannst du eine neue erschaffen, aber die alte gilt es am Kreuz des Lebens erst loszulassen!

Wenn Du dich veränderst, verändert sich deine Welt! und das Leben antwortet immer darauf!

Deswegen bist du ja immer unter allen Umständen erfolgreich, da du immer das bekommst, was du bewusst oder noch unbewusst, mit deinen Einstellungen und Glaubenssätzen gesät hast, selbst im Prinzip eine Krankheit! - Aber eine Erfahrung der Krankheit, die nicht erschaffen oder gebraucht wird, kann man auch nicht bekommen!

Wenn du daraus jetzt erkennst, dass du deine eigene "Wirk"lichkeit bewusst oder unbewusst erschaffst, lernst du sie mit der gleichen Liebe, Achtung zu erfahren, wie es das Allumfassende mit dir tut!

"Du bekommst immer was du wünschst!", somit gibt es keine „gute und böse" Wirklichkeit. Alle Wirklichkeiten existieren gleichzeitig und du hast immer die Wahl, welcher du deine Aufmerksamkeit und Schöpferkraft, besonders mit deinen Einstellungen widmest und damit „Heiligst"!

DAS GROSSE, GROSSE PROBLEM IST, DASS WIR GOTT IRGENDWO IM HIMMEL ANGESIEDELT HABEN – UND NICHT IN UNS!

Die Macht des Bewusstseins und des Glaubens

„Wie schaffte es Jesus über den See zu gehen?

Aber da hüllte sich dieser Jesus nur in Schweigen, vorher in die Wüste gehend und verwies immer auf einen ominösen „Glauben" und eben auf die Macht, in jedem ähnliches zu tun!

Praktische Anleitungen gab er nie und gerade er hatte doch mit den vielen geschilderten Wundern, die praktisch – magischen Erfahrungen, im zeitnahen Anwenden von Glauben und bei meinen Studien durfte ich erkennen, dass „Glauben" auch etwas mit Magie zu tun hat, dass auch jede Heilung so letztendlich ein Akt der "Magie!" ist. Denn auch das Wort „Magie kommt aus dem persischen „ mag" - „Spiegel", d.h. Kneten, Arbeiten und Bewirken, auf und mit der bildhaften Vorstellungsebene!

Also, machte ich mich mal auf die Suche und stieß in der Stille, beim Gespräch, mit meinem Inneren und interessanten Schriftstudien, in unserer elterlichen Hofbibliothek, auf höchst interessante Antworten.

Die Grundlage für die Kraft des Glaubens und des Geistes und damit an ein eines „Göttliches Prinzip" schilderte schon vor 3000 Jahren der alte Hermes Trismegistos mit seinen gültigen Spiegelgesetzen:

„Wie innen, so außen – wie oben so unten"!

und auch Albertus Magnus, berühmter Philosoph und Mystiker hat im Mittelalter (1485) auf diesen Sachverhalt hingewiesen:

Magnus erfasste deutlich, dass die menschliche Seele als Bildnis und Ausdruck eines „Göttlichen Prinzips" große Kräfte emotionalen Ursprungs besitzt, die aus dem Wirken heraus, die Dinge und Lebenssituationen ändern und beherrschen können, wenn sie von großer Liebe oder Hass intensiviert werden:

„Ich fand eine einleuchtende Darlegung, ...dass der menschlichen Seele eine gewisse Kraft, die (äußeren) Dinge zu verändern, innewohne und ihr die anderen Dinge untenan seien; und zwar dann, wenn sie in einem großen Exzess von Liebe oder Hass oder etwas ähnlichem hingerissen ist.

Wenn also die Seele eines Menschen in einen großen Exzess von irgendeiner Leidenschaft gerät, so kann man experimentell feststellen, dass er (der Exzess) die Dinge (magisch) bindet und sie in eben der Richtung hin verändert, wonach er strebt , fand ich, dass (wirklich) die Emotionalität der menschlichen Seele die Hauptwurzel all dieser Dinge ist, sei es entweder, dass sie wegen ihrer großen Emotion ihren Körper und andere Dinge, wonach sie tendiert, verändert, ...was diese Kraft mache, dann von der Seele bewirkt würde.

Wer also das Geheimnis hiervon wissen will, um jenes zu bewirken und aufzulösen, der muss wissen, dass jeder alles magisch beeinflussen kann, wenn er in einen großen Exzess gerät ..., und er muss es dann eben gerade in jener Stunde tun, in welcher ihn jener Exzess befällt, und mit den Dingen tun, die ihm die Seele vorschreibt.

Die Seele ist nämlich dann so begierig nach der Sache, die sie bewirken will, dass sie auch von sich aus die Bedeutendere und bessere Sternstunde ergreift, die auch über den Dingen waltet, die besser zu jener Sache passen ...

In ähnlicher Weise nämlich funktioniert das bei allem, was die Seele mit intensivem Wunsche begehrt. Alles nämlich, was sie, auf jenes zielend, treibt, hat Bewegungskraft und Wirksamkeit nach dem hin, was die Seele ersehnt."

Also! - Selbst das Göttliche Prinzip" hat wohl nicht die Welt nach Gedanken geformt, sondern durch seine "Ein-Bildungen", sein erregendes geistiges Bildwerk, aus mächtigen Emotionen geformt!

Richtig übersetzt heißt es auch schon in eurer Bibel:

„Am Anfang war die „Schwingung" - nicht das Wort!

Der Gedanke ist also nie der Ursprung, nie der Vater aller Dinge, als sein Bildwerk – seine „Vor"-Stellung, über seine Schöpfungsformen!

Es heißt schon immer richtiger im Buddhismus:

"Als sich der Geist Er~regte, erregte (*Geist= geysir= erregen*!) entstand die Welt, entstanden nämlich die Dinge" und Formen, die wir erst versuchen mit Gedanken zu erfassen.

Im Gedanken wird nur unaussprechlich Gefühltes und Intuitives, sprich Sinnhaftes, aus der Seele, seinem geistigen Bildwerk, versucht zu erkennen und in Vorstellbares zu kleiden.

Das versuchen schon seit Jahrtausenden mehr oder minder erfolgreich alle Dichter und Schriftsteller, wie „Ich"- Hieronymus!

Die Macht der Gedanken steuern deshalb auch nicht dein Schicksal, sondern deine Empfindungseinstellungen. Ja! - Sie speisen diese noch meist deine unbewussten Überzeugungen und da sind wir oft alle irgendwie Meister von zerstörerischen „Befürchtungsheuschrecken".

Wenn der Mensch nun seine Empfindungseinstellungen mit seinen „Vor"-stellungen ändert, ändert sich seine Welt. Gefühle und Gedanken, sowie die Intuition aus deiner Seele sollten bzw. müssten da mehr und mehr zusammenarbeiten!

So wäre auch allein der Spruch: „Folge deinem Herzen" alleine nicht dienlich! - Das Herz handelt sogar sehr oft gegen die richtige Liebe, die dem anderen geben will, was er zum Wachsen braucht - Sehr oft weist uns das Herz den falschen Weg durch Fremdprägungen!

Die Intuition aber, ist der richtige Weg und die muss geschult werden und die hat mit dem Herzen, dem Sitz von (Ersatz~) Gefühlen oft recht wenig zu tun! Intuition ist jene leise Stimme in dir, die dir auch entgegen diesem, oft auch amoralisch, mit einigem ständigen flüsternden "gefühllosen" "Eigentlich solltest du...." den Weg weist.

Das Herz an sich ist ein offener „Schöpfungsraum", deswegen, weil es voll ist, mit allen möglichen Gefühlen/Einstellungen „negativer" *(destruktiver bedürftiger Art!)* und „positiver" (*schöpferischer aufbauender Art*), bzw. Programmen, die auch in den Menschen eingeprägt wurden, als er sich in deinem Menschsein noch unbewusst gewesen ist. Das, was dann dort einge- PRÄGT" ist, wird gemäß seinem Inhalt in die Welt getragen und bekommt Resonanzen bzw. Spiegelungen in den vielfältigsten Formen und Situationen.

Seinem Herzen nun bewusst oder unbewusst zu folgen hieße, dass der Mensch als Schöpfer seiner Welt, als Gottes Ebenbild, an Gefühlen wählen kann, was sich dann auch in Gedanken, Wort und Tat äußert und zu entsprechenden Resonanzen aus der Umwelt führt. Das ist oft sehr schwierig, wenn man bedenkt was der Mensch vermeintlich alles „Gefühlvoll" aus der Mördergrube des Herzenwegs wählt, was sich dann als Schmerzerlebnis im Außen darstellt, weil man zum Beispiel „Leistung für angeblich Liebe verkauft" – seine dahinterstehende Motivation verkennend, die den Anderen zur Krücke der eigenen Bedürftigkeit machen will.

Durch die richtige Schlussfolgerung und Erforschung der Gefühlsmotivationen aber, kann es aber später zur Zusammenarbeit mit der Intuition kommen, die mir hilft das richtige Gefühl für ein Wunder bzw. Schöpfungsakt als passendes harmonisches Leben zu wählen!

Wie funktioniert dieses Zusammenspiel, auch als Grundlage für die Abenteuerwunder, die ich erfahren durfte?

Der Grundsatz, den mir mein himmlischer Psychologenkollege C.G. Jung da ergänzend zuflüstert, trifft es auf den Punkt:

„Das Denken ermöglicht dir, zu erkennen, was das Vorhandene bedeutet, das Gefühl, was es wert ist, wobei dein Verstand diese rational in seine Situationen und dein Umfeld einordnen muss und die Intuition, als die objektive Weisheit deiner Seele im Einklang, weist auf deine sinnhaften Möglichkeiten des „Woher und Wohin", die im gegenwärtig Vorhandenen liegen".

Ein Baum bzw. Pflanze, der/die wachsen, sich entfalten will, wächst bzw. treibt (Erschaffen und Handeln!) einen Spross zur zunächst ausgesuchten Rechten (Denken!), und wenn dieser völlig gebildet ist bzw. auch schon vielleicht während des Bildens, so will der natürliche Drang des weiteren Wachstums nicht über die Endknospe hinaus weiter wachsen, weil ein Ungleichgewicht zur Linken (Fühlen) gespürt wird. Sie fließt bzw. blickt zurück bzw. fließt zurück in den Stamm, in die „Mutter" des Zweiges und bahnt sich im Bewusstsein fortschreitend, sich im Stamm fokussierend, auch über Unsicherheit, in schwankenden täglichen Erfahrung, durch veränderliche Umwelteinflüsse, ihren Weg und findet gerade die richtige Stelle zur Linken, als gefühlten Ausgleich und treibt dort einen neuen Spross hervor. Diese neue Richtung des Wachstums ist aber der früheren oft ganz entgegengesetzt, aber doch dem ganzen Gleichgewicht dienlich.

So wächst die Pflanze in dieser Weise gleichmäßig ohne Überspannungen und Störung des Gleichgewichtes, weil sie ein Fließgleichgewicht anstrebt, sonst bricht sie zu Seite weg d.h. „Kata"-strophe, gleich – „Notwendigkeit zur Umkehr!" oder es bricht unweigerlich!

Das Ganze muss bzw. kann also nur mit dieser Intuition geschehen, d.h. ins Innere Stammes blickend, muss er, wie ich und jeder als Mensch, gleichzeitig seine göttliche Idee, genannt „Seele" – seine „Höchste Version"- mehr und mehr wahrnehmen lernen.

Sie muss sich darauf besinnen, um in ihrem Wachstumsausdruck, die „göttliche Idee, sprich Seele, ihrer Einzigartigkeit zugrunde zu legen bzw. im Sinn zu erkennen und ihr lebendig und folgerichtig ohne schmerzhafte Verirrungen folgen und diesen erfahren zu können!

Das ist der Kontakt der Pflanze, mit ihrer Intuition und nur so kann sie durch den inneren Halt, durch ihr Bildwerk mit stärkstem Vertrauen wahrnehmend, in ihr Leben hinein fließen lassen!

Dieses Vertrauen habe ich nun, wie ihr wisst, bei meinen Abenteuern sehr notwendig gebraucht, erkannt und bewiesen, da unbeschadet überstanden!

Wunder bzw. glückliche Umstände, sind dabei sind sinnstiftende und zielführende Schöpfungsakte, geordnete sinnvolle Zufälligkeiten der Seele als „Göttlicher Funke" in der Zeit. Sie eröffnen oft auch etwas nicht Dagewesenes in Bezug auf Situationen, Personen, im rechten Augenblick - auch „Fügung" genannt!

Das erfordert aber immer durch einen Akt der Geduld mit Offenheit, die richtige Zeitqualität zulassen zu können!

Sie vermitteln dann hilfreiche Hinweise zur Erweiterung des eigenen Rollen- und Selbstverständnisses, Handlungsspielräume und Perspektiven als Wegweiser!

Es erfordert auch die Bereitschaft, gerade das Irrationale, dem begrenzten Verstand nicht Zugängliche zuzulassen. Sie versuchen dabei Ordnung und Sinnhaftigkeit in dein Leben zu bringen und führen zu deiner einmaligen Gestaltung und Sinnhaftigkeit deines eigenen Weges, vornehmlich auch innere Ordnung herstellend!

So erkannte ich auch die Voraussetzungen für meine „Wunder":

So gesehen ist zum Beispiel in dem biblischen Spruch oder Mantra „Dein Wille geschehe" eine große tiefenpsychologische Wirkung enthalten. Es werden psychische Kräfte aktiviert, die verändernd und damit zeitversetzt das äußere Leben harmonisierend beeinflussen und mit Wundern erfüllen.

„Wenn ihr Glauben hättet, dann könntet ihr Berge versetzen!"?

Nun ja! - mein Glaube ist also doch noch schwach! – Ich, Hieronymus hab`s bis heute nicht geschafft!

Ich durfte aber vorab einstmals feststellen, dass das Wort „Glaube" von **mittelhochdeutsch** , für *„gelouben"* - lieb halten heißt, etwas gutheißen. Daher kommt auch das Wort **englisch** *be-l"ieve"* , –„lieve" = Love = Liebe, **lat.** ‚es beliebt , ist gefällig'.

Nun kann man sich da auch vorstellen, was da über den Begriff „Liebe" bei Menschen an Verwirrungen existiert, wenn man da auch das zugehörige Wort „libīdo" = ‚Begierde' im selben Zusammenhang findet!

So mag ein Glaube mag zwar etwas Starkes sein, aber er ist leer und zu wenig vom ganzen Menschen kann „mitleben", wenn unser Leben mit Gott sich einzig auf den Glauben, ohne Erkenntnis und Erfahrung gründet.

Dürfen wir überhaupt einfach glauben?

Menschen, die Verstand haben, dürfen nicht bloß glauben, sondern sollen nach ihren Kräften, um die erlebbare und fühlbare Erkenntnis ringen.

Glaube ist nicht alles, aber auch Erkenntnis nicht. Der Glaube gibt uns nicht die Sicherheit und den Reichtum des Erkennens. Das Erkennen wollen, nimmt uns aber bisweilen zu viel vom Glauben. Beide Dinge müssen zusammen ins Gleichgewicht kommen, durch innere und äußere Erfahrung.

Es ist aber auch gefährlich, zu viel zu glauben, weil jeder seinen eigenen Weg zu suchen hat und er in sich selber, auf ein Jenseits als „Religio" stößt, das gleichzeitig voll vernebelnder Empfindungsprägungen ist, besonders durch Konfessionen, die lebendige Gotteserfahrungen verweigern, nur auf den Buchstaben des Dogmas blickend, also auf den „göttlichen" See, während „Religio" in diesen, erfahrbar, hineinblicken möchte!

Er könnte leicht mit zu viel Glauben alles wörtlich nehmen und wäre nichts als ein Verrückter. Es ist daher vielleicht besser, auf bessere Erkenntnis als Religio, d.h. mit eigenen Erfahrungen, für ein sinnerfülltes Leben zu streben und zu warten, bevor man allzu gläubig annimmt.

Glaube also nie etwas! –Warum? – Ein Dilemma!

Der Glaube an Vorstellungen ruft unbedingt den Gegenpol genauso ins Leben, als das was du besonders emotional empfindend glaubst und anstrebst!

Glaubst du an die Heiligkeit eines Menschen, dann machst du dich klein und dir wird immer vor Augen geführt, wie klein und unheilig du doch bist. Glaubst du an Ehrgeiz und Karriere, dann wird dir immer mit deinem Verlangen danach vor Augen geführt wie unbedeutend du doch bist! - und Erschöpfung und Burnout etc. sind die Folge!

Glaubst du an deine menschlichen eingeschränkten Vorstellungen von GLÜCK und Liebe, an die pauschalen verstandesorientierten Predigten von Philosophen, Politikern und Ritualbeamten jeglicher Art, wirst du immer enttäuscht feststellen, dass gerade das Gegenteil auch davon in dein Leben tritt, je beschränkter deine Vorstellungen und deine Scheuklappen dafür werden. Denn du kannst deinen Glauben an etwas ja nur daran erkennen und erfahren, was nicht dein Glaube ist und dann führst du Krieg gegen deine Ganzheit!

Je mehr du dich also einem Glauben an etwas hingibst an eine Person, eine Vorstellung, ihr da damit noch Macht gibst, desto mehr enttäuscht wirst du werden und gerade Politiker und Ritualbeamte, die laut moralisch und verurteilend, herausschreien, woran sie glauben, haben als „Schattenanteil" gerade das Gegenteil im Keller, was sie an sich nicht sehen wollen.

Ein Glaube an etwas ist immer der Fall aus deiner Ganzheit, aus deinem Himmel, aus deinem Paradies, nimmt dir Spontaneität! Deine emotionale empfundene Empfindungsvorstellung sucht und findet ihre Negation und sie wird dich würgen! er Glaube an menschliche Vorstellungen gebärt Unrecht, Muss, Bestrafung, Sünde und Verurteilung. Der wirkliche Glaube, der Berge versetzen kann, kann dieses erst tun, wenn du eigentlich ihn aufgibst!

Jene, von uns, die sich am stärksten mit ihren, angeblich rechtschaffen geglaubten, Standpunkten identifizieren, leben dann das „Böse" unbewusst aus bzw. haben es ständig mit dem „Bösen" im Außen zu tun, um sich beweisen zu müssen, angeblich „Gut" zu sein".

Was ist dann ein wahrer Glaube? - Er muss allumfassend in dir da sein, jede Möglichkeit beinhaltend – nichts ausschließend!

Wenn du also an etwas allumfassendes Unbegrenztes glaubst, das dein Leben führt, dir Erfüllungsmöglichkeiten beschert, dann kann auch nur Unbegrenztes und damit mannigfaltige Wahlmöglichkeiten in dein Leben treten!
Also, der unbeschränkteste Glaubenssatz, der auch Liebe als etwas Unbeschränktes, nicht Personales erkennen lässt, wie die menschliche begrenzte Liebe, die unter Liebe versteht: „Ich liebe dich weil" und sie damit an Bedingungen knüpft wäre:

„Allumfassendes Licht etc.... in mir – Dein Wille geschehe! - Ich lasse deine Realität durch mich Fließen und gestalte sie ..." Dann lässt du Unbegrenztem Raum und was kann von Unbegrenzten nur kommen: „UNBEGRENZTES"! - Das was dich davon trennt sind mangelndes Vertrauen und Hingabe ins das Unbegrenzte!

Wirklicher Glaube muss also inneren Ursprungs sein – in dem starken Gefühl dieser innewohnenden Gottesverwandtschaft, die sich keiner begrenzten menschlichen Ethik oder menschlichen Vorbilder unterwerfen muss.

Selbst eure Quantenphysik bejaht das in jeglicher Hinsicht, auf ein übergreifendes allumfassendes Bewusstseinsmeer, einen Weltengeist, hinweisend:

> „Nicht: „Ich kann erschaffen, was ich glaube " ist richtig,
> sondern du erlebst, was du tief in dir innerlich glaubst".

Geistig gesehen ist das, was du innerlich also für wahr hältst, entweder wahr oder wird wahr, wobei du selbst die Grenzen deiner Erfahrung festlegst und den Gegenpol dafür schaffst, um das zu erfahren, was dein Glaube ist! - Jeglicher Glaube erzeugt aber immer die Realität des Widerstandes von dem was du nicht glaubst!

Ich, Hieronymus aber, übe weiter in meinem neuen Abenteuerleben!

Die Macht der Stille

Was mir, Hieronymus, da weiter beim Studieren auffiel:

Wusstet ihr, dass jeder wirklich "Große Weltenbeweger" - immer aus der Einsamkeit und der Stille, wie aus einem großen „Lagerhaus" kamen, aus dem sie wohl viel Weisheit schöpfen konnten - ob sie Moses, Jesus oder nun Buddha etc. hießen?

Diese Menschen mit weitem offenem empfängnisbereiten Geist in einer bewusst gepflegten Stille, haben offenbar Zugang in das stets rege Meer des Allumfassenden Bewusstseins, sind offen dafür! Selbst dieser Jesus hatte sich, so wird berichtet, recht oft in die Wüste zu diesem „Vater" begeben!

Diese Stille, offenbar das „göttliches Bewusstseinsmeer" ist also beileibe keine Friedhofsruhe, frei von jeglicher Tätigkeit. „ES" ist eine schwangere „Leere" und unerschöpflich, wie ein unbegrenztes Lagerhaus mit offenen Türen. „ES" ist „irgendwie" die Geburtsstätte aller Erscheinungsformen, die möglich und vorhanden sind.

Ein unbegrenztes Potential an Schöpferkraft ist in ihr enthalten, das nach gebärendem Ausdruck verlangt. Jeder Augenblick, mit seinen Situationen, auch der Augenblick des Augenblicks ist das Tor.

So kann jede Bewegung, jede Idee, jeder Wunsch zum Samenkorn einer Schöpfung werden. Kreativität und Inspiration sowie Assoziationen geschehen einfach in dieser Stille und Leere, beim Loslassen des kleinen „Ich" - Willens.

Spontan ermöglicht sie, bzw. ver-„ur"-sacht die Geburten aus dem allumfassenden Geist aus dem alles was ist und sein kann, existiert - Beim Loslassen von Leistung, Druck, Norm, Moral und Denken steigt dieser Geist aus der Flasche ins Bewusstsein auf und kann sich dort über Wunder, wie bei mir, entfalten.

Er sorgt durch diese Stille für das Material, das Wissen und Kunst erschafft und Gefühle und Formeln folgen diesen Inspirationen nach, verbunden durch den notwendigen Prozess des Denkens, der es in materielle oder geistige "ER„- „Schein" -ungs-„formen" bringt.

Wer wirklich länger in die Stille geht, in ihr verweilt, wird auf jeden Fall schwanger und wird gebären für sein Leben!

Nun, wenn ihr meine Geschichten alle lest, so fällt euch doch auf, das es immer um gefährliche aggressive bedrohliche Lebenssituationen geht.

Aus dem oben Gesagten aber, musste ich mir da immer eingestehen, dass diese skurrilen bedrohlichen Lebenssituationen, die gerade mir immer begegneten, wohl etwas damit zu tun hatten, dass diese auch als unbewusste, verquere psychische „Rumpelsstilzchenenergien", wohl schon in meiner Kindheit entstanden und mich einengten.

Mir war da klar, dass sie wohl zunächst etwas mit dem Erziehungs-stil meiner Eltern zu tun hatten, die jegliche eigenen Gefühle und Emotion unterdrückten, die Entwicklung zu meiner Einzigartigkeit verhinderten, indem sie die adlige Contenance in mir als zementier-tes Heiligenscheinbild fördern wollten und nicht eine „Pipi Lang-trumpf Mentalität".

„Fühle dich nicht!" – war ihre Botschaft – „Sei kein Kind"!

sagten sie mit ihren Blicken, Anleitungen in Gestik, Worten und Zu-rechtweisungen jeden Tag zu mir!

Das aber ließ sich wohl meine „Seele" in mir nicht gefallen, die mich ja lebendig über mich ausdrücken und erfahren will und so bekam ich es von Fall zu Fall, gemäß meiner Erzählungen, mit den verrück-testen „Rumpelstilzchensituationen", als Spiegelung meines Inner-sten, mit seinen verdrängten unbewussten Gefühlen und Anlagen, sowie Befürchtungsthemen zu tun, über die ich ja in meinen unglaub-lichen Erzählungen berichtet habe.

Aber eigentlich ist es wieder folgende Wahrheit:

Je mehr sich ein Mensch die ganze Zeit über Jahre hinweg moralisch auf einen Standpunkt gestellt hat, oder gestellt wurde, desto mehr Leichen hat er im Keller. Irgendwann wollen die mal ans Licht aus der Mottenkiste des Nichtangeschauten ins Licht meiner Erkenntnis, dass ich im Prinzip kein „Adliger Herr" war, sondern ein geistiger „Globetrotter" –ihr würdet da heute sagen:

„Hieronymus ist ein eigenbrötlerischer Steppenwolf"!

Diese zwangen mich zur Auseinandersetzung bzw. zum Zusammensetzen mit mir selbst, dienten meiner Selbsterkenntnis, welch einzigartiger verrückter Clown ich doch eigentlich war, aber im Grunde kein adliges Standbild von meinen Anlagen her, sondern jemand der sich auf verrückte Abenteuer freut! Meine Abenteuer spiegelten da wohl auch die dunkle Gestalt meiner Ängste, mit den Konflikten in mir, bürgerliche bzw. adlige zementierte ge- „prägte" Standpunkte loszulassen und Grenzüberschreitungen zu meiner verrückten Einzigartigkeit meiner Persönlichkeit zuzulassen bzw. erfahren zu dürfen!

Ich fühlte da ganz deutlich, dass ich da eine Art von Globetrotter war, der Freiheit als ein recht eigenwilliges Wesen brauchte. Gott wollte anscheinend sich in mir erfahren, in einer Abenteuerlust in wilden und unberechenbaren Situationen, in einem Leben, das von unerwarteten Wendungen gekennzeichnet war.

Was hat das alles mit meinen verrückten Abenteuern zu tun?

Gewöhnlich gibt es da in mir, wie angedeutet, etwas, das in der Familie unterdrückt wurde und weiter zurückreicht, bis zu meinen fernen Vorfahren. Es war der nicht gelebte prometheische Geist, der wegen starrer Anpassungen an Normen, wie eine heiße Kartoffel von einer Generation zur anderen weitergereicht wurde. Dieser gewann aber mehr an Macht und Dynamik, je stärker er unterdrückt wurde.

Niemand wollte etwas damit zu tun haben, weil wohl die Entwicklung von eigenen Einzigartigkeiten vermeintlich die gesellschaftliche Stellung und Existenz der Familie gefährdete. Dieser prometheische Geist war über Generationen durch das Gewebe der Familie unerkannt und „unausgedrückt", wie ein gestauter Fluss, weitergegeben worden.

Er war daher bei mir jetzt sehr machtvoll und schlagkräftig, weil er in der Vergangenheit wahrscheinlich durch Erwartungen, Meinungen und Verhaltensvorschriften innerhalb der Familie rück-„sichts"-los unterdrückt wurde. Er war zu einem ungewöhnlich tief unbewussten machtvollen Geist, wie eine zugepfropfte gärende Saftflasche, in der Familienpsyche herangewachsen. Schließlich hat er wohl bei mir, vor Energie fast berstend, „angeklopft" und durfte über mich in freundlicher Weise, in Absprache mit dem „Göttlichen Reisebüro", verkörpert, zum Vorschein kommen.

Irgendjemand musste als „Schwarzes Schaf" das schwelende unerlöste „Verrückte" – Einzigartige - doch freiwillig erlösen, um so eine Explosion, mit unerklärlichen schmerzvolle Katastrophen, vielleicht bei meinen Nachfahren, zu verhindern!
Deswegen war ich ja ziemlich merkwürdig, ja sogar verrückt, weil ich mich mit dieser Dynamik und diesem revolutionären Geist in mir dann, zusammengesetzt habe, mit sich im Äußeren sich spiegelnden verschärften verrückten Abenteuern, die das „Energiefeld" dieses Geistes darstellten. Als sich dieser Ahnengeist anfing, sich mit mir auszutoben, stellte er alle zementierte familiären Strukturen und oft herkömmlichen Orientierungshilfen in Frage.

Gottseidank war meine Persönlichkeit über meine erarbeitete prometheische Selbsterkenntnis und Bewusstheit über diese, auf mich zukommenden Zusammenhänge, mit einem inneren Halt von Zuversicht, Glaube und Hohem Mut, so stark, robust und flexibel, um sie mit Bravour zu bestehen.

Ich weiß nicht, ob Gott wusste, was er sich antat als er mich da schuf!

Entweder pennte konzentrationslos er im Halbschlaf dabei oder er setzte sich ganz bewusst eine „Borreliose" in den Pelz.

Jedenfalls handelte er sich mit mir eine Menge Stress, Ärger und Frust aber auch eine Palette von farbigen Erlebnismöglichkeiten ein! Was der für mich ausbügeln musste, geht auf keine Kuhhaut und nur Johanniskraut und eure modernen Antidepressiva ließ ihn das vermutlich ertragen.

Ich glaube, dass „Psalm 23" für ihn selbst zutraf!
(Vers 4: Und ob ich schon wanderte im finstern Tal, fürchte ich kein Unglück; denn du bist bei mir, dein Stecken und Stab trösten mich...)

Er ist zwar da mein Hirte, aber ob er mich und sich selbst damit manchmal auf grünen Auen gelagert hat, das ist mir heute noch nicht klar. Gewandert ist er mit mir durch viele „Schluchten" und „finsterem Tal, aber auch über hohe Bergen mit herrlichem Ausblick und mit meinem Offiziersstock und meinem Stab und Körper hatte ich manchmal den Eindruck, ich müsste den alten Herren tragen, wie im „Krieg der Sterne" Luke Skywalker, den Alten Yoda, wo er das doch eigentlich sollte. Er war ganz schön schwer und hatte den Weg scheinbar oft vergessen.

Hat er durch mich sein Verlangen gestillt und mich auf rechten Pfad geführt?

Ich glaube damals eher, er wusste selber nicht wohin und hat sich öfters verirrt.

Der dunkle Lord „Darth Vader" aus eurem Krieg der Sterne, hätte seine höllische Freude gehabt an dem zwiespältigen Spruch:

„Möge die Macht mit dir sein!" - Ich hatte sie ja zu tragen!

Meine Fußspuren im Sand waren vom Tragen des alten Herrn oft sehr tief eingedrückt, obwohl es ja eigentlich umgekehrt sein sollte und manchmal kam es mir vor, dass ich die Richtung bestimmen musste, weil er wohl eben nicht wusste „Wohin"!

Manchmal hatte ich den Eindruck, er hat eine Durchschlageübung mit mir veranstaltet und eine Achterbahnfahrt mit Geschwindigkeitsübertretung, dass ihm selber Hören und Sehen vergangen ist und seine Engel ihn stützen mussten.

Es muss ihm mit mir ganz schön schwindelig geworden sein, so dass er sich öfters in den Schmollwinkel zurückzog, und mit mir über Gewitter und tierische Ungeheuer und mörderische Kalifen motzte.

Loswerden konnte er mich ja nicht mehr, denn er schuf mich ja nach seinem Ebenbilde und der Bund mit dem Regenbogen galt ja auch für mich, und da hatte er den Salat. Vertragsbruch konnte er ja nicht begehen, sondern er hätte dann zugeben müssen, dass er einen Fehler gemacht hätte.

Da er aber den Anspruch der Unfehlbarkeit hat, wie euer erstes Vatikanische Konzil bekräftigt, konnte er das nicht mehr rückgängig machen, ohne sich zu blamieren.

Dass er mich 77 Jahre hat werden lassen, war wohl nur durch seine Angst begründet, dass ich im Himmel, mit meinem Familiengeist, noch mehr Aufregung und Unheil anstiften könnte, als auf Erden. Also, so sagte er mir vorhin, dass er mich lieber noch mal 77 Jahre mindestens auf der Erde lassen will, um mit mir, wenn er Lust darauf hat, einen Einzelkämpferlehrgang aufzufrischen.

Aha! – Soeben „twittert" er schmunzelnd zu mir:

„Be cool" - Ich bin das Licht – Der Weltengeist in Dir!

Ich bin dein Gesicht und Auge,
doch den Blick entscheidest Du, als mein Kaleidoskop!
Du bist die "Füße" Gottes, des Wanderers,
durch meine sinnliche & körperliche Erfahrung !
Ohne dich kann ich nicht in meiner Schöpfung gehen"!

Eine wahrhaft „höllische" Perspektive für ihn?

Er hatte eigentlich nur die Möglichkeit sein selbstgeschaffenes Gefängnis mit mir, in meinem Körper der Erfahrung, schön auszugestalten.

Das hätte er in seinem Reisebüro für mein Münchhausenuniversum besser managen müssen, als ich mit ihm den Bund fürs irdische Leben schloss. Diese Vereinbarung war wohl eine missverstandene Informationsverdichtung oder vielleicht doch nicht, angesichts der vielen Abenteuer, die er mit mir erleben durfte?

Diese Überlegungen haben mich sehr zuversichtlich gemacht, denn ich weiß, dass er so für mich sorgen wird, und mir aus Eigeninteresse den Tisch deckt, nicht nur vor den Augen von Freunden, sondern auch vor den neidischen Augen meiner Feinde und er mir reichlich den Becher füllt, mit Nektar und Honig um mich bei Laune zu halten.
Seine Güte und Huld folgten mir da immer, solange ich auf Erden wandelte, denn ein eigenes Areal oder Guantanamo für mich im Himmel wäre für Gott zu teuer gewesen, obwohl ich für seine Küche eigentlich recht anspruchslos wäre. Foltern darf er mich nicht, denn das wäre keine Liebe und nicht sein Ressort.

Dem zuständigen Teufel bin ich zu aufrührerisch, und er befürchtet ich könnte über eine für ihn negative Prognose, die ihn als Quertreiber und Querulant brandmarkt, an seinem Stuhl sägen, deshalb möchte er mich auch nicht haben

Gott wusste wohl auch nicht so recht, was er tat, als er in mein Lebensbuch die „77" hineinschrieb. Aber die „7" steht ja an sich auch für das Sonnenprinzip mit einem guten Selbstbewusstsein, das durch die Verdoppelung für Power, Energie und Schwung und Unermüdlichkeit mit dem Griff nach den Sternen, als Energiebombe, die sicherlich nicht da enden sollte, wo sein geliebter Sohn Udo Jürgens mit „66 fängt das Leben an" und „bitte mit Torte", als Rentner in einer Bäckerei aufgehört hat!

Aber die Raupe in mir wurde eben Terminator! - Eine wahrhaft aufrüttelnde Perspektive für ihn!

So durfte ich lange mit ihm auf Erden wandeln, diese unsicher machen und die himmlischen Chöre sangen „Halleluliah" aus Frust oder Freude vor meiner Abwesenheit weil es mich gibt, oder weil ich Gott vor einer Sterbenslangweiligkeit bewahrte, und ich ihm die Möglichkeit bot, auf einen Aktionurlaub zu mir zu kommen.

Ihr Halleluliah bezieht sich wohl dann auf den Refrain „Hurra! - der Chef aus dem Penthouse ist nicht da - Wir tanzen auf den Tischen!" oder der „Himmel ist hoch und Gott ist weit weg" – Das sehen wir gern!"

Ach so, Münchhausen hat er mich genannt, dass heißen könnte, dass er wohl er hat eine Planstelle für mich als „Münch" – sprich „Mönch" in einem „Hause – gleich „Kloster"? - vorgesehen hatte, weil er mich noch mit dem Namen „Hieronymus" – der Mann mit dem heiligen Namen - benannt hatte!

Welch eine Absurdität in diesen Namen?

Oder war ich mal ein Engel, der ihn zu dem Abenteuer auf Erden überredete bzw. die die Stelle eines Fitnessengels, die dazu diente, ihm unter erschwerten Bedingungen seine Trägheit und beginnendes Rheuma auszutreiben. Irgendwann einmal werde ich es von ihm erfahren. Schließlich war ich ja für ihn offensichtlich in der Ausbildung als ständiger Einzelkämpfer bei der Armee.

Ja, und da gibt es ja noch seine Geschichte vom Hirten, der angesichts seines verloren Schafes die Pflicht hat, seine Herde im Stich zu lassen um es zu suchen und zu retten, aber das hat er ja bei meinen Abenteuern immer geschafft.

Nun ja, dieses verlorene Schaf -äh! –der angeblich „Verlorene Sohn" Hieronymus, den meine Eltern irrtümlich, im Gegensatz zu Alexander (*dem Streitbaren!*) als einen „Mann mit dem heiligen Namen" nannten, musste so sicherlich einmal nach erfolgreicher Suche nach einer „Heil"-igkeit mit ihm heimkehren und zur Rechten von ihm sitzen.

Wir zehrten dann beide von den herrlichen oft schmerzvollen wunderlichen Abenteuern und Erfahrungen und lachten über die, die von uns als lebende Leichen aus ihrer Friedhofsruhe aufgescheucht worden sind.

„Halloween" war bei mir und für ihn jeden Tag und es konnte nur noch besser werden, für den alten „Kürbiskopf" mit seiner Erleuchtung in der Mitte.

„Du hast gelebt", sagte der „Weltengeist" eben zu mir. „Durch dich habe ich eine ganz farbige Palette an Erlebnismöglichkeiten erfahren dürfen".

Dann ließ er mich aus dem heiligen Gral trinken und flüstert mir ins Ohr:

„Hör zu, demnächst bauen wir wieder Blödsinn als widergeborener Verrückter. Du stellst alles auf den Kopf und ich bügle das durch Wunder wieder aus - Wir sind ein starkes „ A- Team „ wobei ich gerne hinter dir" stehe aber das „Vor dich stellen" wäre doch zu gefährlich!

Du weißt ja! - Der Tod ist im Prinzip ein energetischer sehr macht-voller Schöpfungsakt, der das bestehende psychische energetische Muster der Körperlichkeit auflöst und sich in der Geburt neu formiert.
Die Geburt ist dabei vergleichbar, dem Drängen durch das Tor einer neuen Geburt in Leben mit eine körperlichen neuen Form, mit dem Tod andererseits in eine neue Geburt durch das Loslassen der alten Form. So sind Geburt und Tod eigentlich dasselbe Tor! das Loslassen der körperlichen Form die ja nur an Raum- und Zeit gebunden ist keine große Sache für mich und deine Seele, wenn ein Lebenszweck erfüllt ist.
In jeder Seele, in jedem Geschöpf, auch bei dir, Hieronymus, bleibt immer auch deine ganze Bewusstseinsessenz in meinem All- Bewusstsein eingebettet und deine Erfahrungen erhalten!

Jetzt aber stärke dich am Buffet mit den anderen Schauspielern und den Engeln im Himmel in deinem Leben- Du hast es dir verdient! - Na! - denn Prost und Mahlzeit!

In einer Himmelsnacht hörte ich dann nochmal seine innere Stimme, die durch mich wieder sprach:

„Ich bin in dir und in und in vielen anderen, durch den ich spreche und gesprochen habe – du hast es nur in deiner Jugend nicht gehört bzw. durch deine Erziehung nicht hören können, da du zwischen mir und dir verständlicher Weise noch eine Stahlplatte eingezogen hattest!

Aber ich mache dich darauf aufmerksam, dass du nur durch deine Eltern und deren Erziehung als Mensch in Gegensätzlichkeiten erkennen konntest, wer du nicht bist und es so als ein Abenteuer auf deiner Lebensheldenreise erkennen durftest, wer du wirklich bist

Achte also deine Erziehung und dein Umfeld, wie deine Eltern, auch wenn sie die Grundlage dafür legten, dass du dein Leben als Kind noch nicht leben konntest. Sie dienten dir für Wissensgrundlagen deines irdischen Lebens und sie halfen dir auch zu erkennen, wer du nicht bist und nicht mehr sein möchtest!

Sie waren dir Hilfen, dich zu erden, d.h. Beständigkeit, Ausdauer, Durchhalten und Dranbleiben zu lernen und sie können dir weiterhin als materielle Grundlagen dienen um deinen Sinn zu verwirklichen!
Eigenes Leben und Gemeinschaft müssen immer miteinander verschränkt sein!

"Sei du selbst" - Geht nicht -Alleine sein auch nicht - Einzelsein mit dem Programm: "Es ist mein Leben" - ist gegen die Gemeinschaft, die man zur Selbsterkenntnis braucht, auch um zu wachsen!
Es ist sonst reiner Individualismus und das darfst du nicht mit Individualität verwechseln, die deine Einzigartigkeit darstellt. Der Mensch hat aber die Gemeinschaft nötig, um sich selbst zu erkennen und kann auch vieles erfahren über sein Inneres.

Nur innere Erkenntnis, ohne Erfahrung in der Gemeinschaft, führt nie zu einer fruchtbaren Reife. In einer Gemeinschaft muss Verbundenheit herrschen und Respekt, damit sie erhalten bleibt - Geborgenheit und Sicherheit und Wärme spendend.

Die Gemeinschaft bietet auch Wachstum und verhindert diesen Rapunzelturmindividualismus!

Das richtige Maß von Gemeinschaft und seiner Einzigartigkeit mit eigener Lebendigkeit erhält eigenes Leben- Das Einzelsein und unsere Einzigartigkeit gibt uns Licht über uns selbst!

Das Thema also des "Es ist mein eigenes Leben" ist immer ein innerer und äußerer Beziehungs- und Erfahrungsvorgang in Gemeinschaften!

Es ist ein ständig notwendiges Wechselspiel zwischen eigenem Leben und Gemeinschaftserleben. Dazu gehört auch Eigen- "Sinn" und Be-"Acht"-ung der eigenen Bedürfnisse, aber auch Emphatie und Respekt vor den Bedürfnissen des anderen im Wechselspiel besonders in Gemeinschaften bzw. im Lebensnetz!

"Eigenes Leben" darf also nie die Mitwelt ausklammern, sondern ist immer auch lebendige Beziehungsgestaltung und oft auch Bedürfnisverzicht besonders in einer Partnerschaft zugunsten einer tiefen Wachstumsmitte!

Ja! - noch einfacher ausgedrückt:

Du musst lernen mit der generellen Unversöhnlichkeit deiner Einzigartigkeit mit der Gemeinschaft für dein Leben zu leben- Wenn du dem Durchsetzungsdang deines "Ichs" folgst, verlierst du unvermeidlich das "WIR". Wenn du dich nur der Gemeinschaft fügst, opferst du immer ein Stück deines Lebens oder: Wenn du das Huhn kochst, kannst du es nicht mehr zum Eierlegen verwenden!

Aber, mein lieber Hieronymus, hast du ja ganz gut hingekriegt!

„Ich bin der Geist deiner Quelle, das Wasser das fließen möchte!

Es kann aber nur fließen, wenn du „verzückt" wirst, von einer Sache, die dich begeistert und erregt!

Also was liegt näher, als dich für etwas zu erregen, zu be-„Geist"-ern, was dich schöpferisch zum eigenen Helden macht. Ein Held ist dabei jemand, der sein Leben einer Sache weiht, die seiner Lebensaufgabe dient und dabei mir dient.

Da, wo du meinst dann nach außen zu fahren, wirst du schlussendlich ins Zentrum deines Seins gelangen und du wirst feststellen, dass du mit der ganzen Welt verknüpft bist und nicht alleine!

Verwechsle aber nicht Sinnhaftigkeit und Freude mit Erfolg und Macht. Erfolg und Macht haben ‚wollen', sind Bedürftigkeiten und der der Rand des Lebensrades – Die Nabe - die Verzückung und Freude und Erfüllung über dein Tun und überlasse es mir, wohin es dich führt und wie es „ER" -FOLGT!"

Nun!- Ich, Hieronymus, habe mich da mit Coolness und Akzeptanz meinen „Blauen Wundern doch gestellt, wie es euer Jesus ja auch getan hat, der sogar dem Teufel leibhaftig begegnet ist:

Nehmen wir die alte Geschichte in diesem Licht nach meiner ver – „rückten" Auffassung:

Erzengel Luzifer, der „Lichtträger" (‚Lux' – Licht – ‚fere' –tragen)*, sich freundlicherweise als Teufel den volkstümlichen Vorstellungen angepasst habend, obwohl er ja der „herabgestiegene" Engel ist, der die undankbare Aufgabe übernommen hat, Menschen auf Unerlöstes zu durchleuchten, humpelt in einer Verkleidung mit Pferdefuß auf Jesus zu, gehörnt mit blutunterlaufenen roten Augen, will Jesus „einver-leiben".*

Der Teufel, das angeblich "Böse" ist da! - Der „Teufel" im Menschen will die weltliche Macht, auch über Jesus - und bietet sie ihm vermeintlich an!

Er will herrschen, um sich die Anerkennung und Liebe zu erzwingen, die er sich selbst nicht geben kann, und von der er sich getrennt fühlt.

Sein Gefäß der Selbstachtung und Selbstliebe ist nun bis auf den Boden leer und er muss sich, wie im Symbol des Vampirs Lebendiges suchen, um zu leben, mit ihm einen Vertrag mit dessen Blut- sprich Lebendigkeit schließen um über seine Seele herrschen zu können!

Er hat also einen riesigen Mangel an Eigenliebe, dem Vertrauen, und Glauben an sein Selbst, was keinen Mangel kennt und das Absolute symbolisiert.

In dem Augenblick aber, er sich der Aura, sprich Erkenntnisbereitschaft von Jesus nähert, und in diese eintritt war er, das „Böse" verschwunden, ist Luzifer als Satan nicht mehr erkennbar.

Er hatte sich mehr und mehr als die Verkörperung des Dunklen und Bösen in Licht, gleich Erkenntnis und Selbstliebe er- und aufgelöst."

Diese überlieferte Geschichte von Jesus und dem Satan symbolisiert, dessen Klärungsarbeit bzw. Schattenarbeit an bedürftigen Motiven!

Es wäre ein Fehler gewesen zu ihm, dem Teufel bzw. meinen verrückten Situationen im Leben zu sagen: "Weiche von mir!"

Dieser Teufel zwang ihn bzw. vielleicht auch mich, vielmehr, sich mit seiner inwendigen unbewussten selbstherrlichen und machtbesessenen „Schattenseite" „zusammenzusetzen".

Jesus war in diesem Sinne der erste moderne Psychotherapeut! d.h. ein Mensch der sich selber heilen konnte und wirklich ein „Psychopompus" – Seelenführer – sein konnte! - Er suchte seinem Grundsatz gemäß „Liebet eure Feinde", nicht mehr den Kampf gegen die „teuflische" Polarität, dem angebotenen Streben nach Macht, um eine Bedürftigkeit zu erfüllen.

Er erkannte und akzeptierte sie einfach als einen Pol, einen Wesenszug von sich selbst und wandelte so diese „Kraft" um, in ein tiefes Erkennen:

„Ja, auch das bin ich!" und ich, Hieronymus, habe mich da ebenfalls mit meinen Übeln zusammengesetzt, wie es dieser Matthäus ja in eurer Bibel hat anklingen lassen: „... dass ihr nicht widerstehen sollt dem Übel" (MT 5,39)

Jesus selbst hatte so seine vielleicht „restlichen" menschlichen Bedürftigkeiten aufgelöst, bzw. integriert, und war nun vollends bereit zu akzeptieren:

"Wenn ich mich ändere und selbst erkenne, ändert sich meine Welt!
was eine psychisch - energetische Gestaltung des Lebens aus dem Bewusstsein heraus, nach dem Resonanzgesetz bedeutet, das keine Bedürftigkeit und Machtgelüste mehr kennt!

Was habe ich, Hieronymus daraus gelernt:

"Was ich an anderen bekämpfe, ablehne oder nicht sehen will, zeigt mir ganz deutlich, was ich an mir selbst nicht mag. Das heißt, was ich eigentlich ablehne, bin ich selbst.

Ich habe das schon so oft gelesen und gehört, vergaß es dann aber doch immer mal wieder. So erinnere ich mich jetzt gerade wieder daran - und nehme mich mit all dem in den Arm, was ich bisher - unbewusst - ablehnte." und nehme damit auch all die Dinge in den Arm, die ich bei anderen ablehnte, d.h. ich stellte mich!

Das heißt aber nicht, dass man die Dinge, sprich das offensichtlich Sichtbare, die man bei anderen ablehnt, doch eigentlich nicht in den Arm nehmen sollte. Sie sind ja spaltend, zerstörerisch und massiv begrenzte, mitunter bedrängende und lebensgefährliche Wahrheiten.

Natürlich ist es aber so, dass Menschen, Parteiungen, die sich vehement auf einen moralischen Standpunkt stellen, dabei ja noch mit „Gut - Böse, Schlecht" arbeiten, selbst ungelöste „psychische" unbewusste Leichen im Keller haben.

Hierbei geht es aber um Themen, die unbewusst im Menschen schlummern und der Selbsterkenntnis „Er"-Lösung harren, die man im Lichte des Bewusstseins durchblicken müsste!

Das führt immer zu der Frage:

Warum bin ich mit (skurrilen~) Kampfsituationen, Ablehnung oder Ignoranz und Verurteilung, natürlich in Bezug auf mein Ahnenthema so verwickelt!

- Was will es mir sagen?
- Wozu fordert es mir mich auf!
- Welche Eigenschaften und Qualitäten habe ich in mir vernachlässigt?

Erst wenn man diese Fragen beantworten kann, kann man auch diesen sogenannten quälenden „Schatten" bzw. den eigenen unerlösten Familiengeist integrieren bzw. umarmen!

Natürlich müssen wir bei extremen oder persönlich bedrängenden Situationen bzw. Taten energisch „Stopp" sagen, aber auch die „linke Wange" hinhalten, im „Sinne von:

„Liebe deine Feinde"

d. h. Was wollen diese „Feinde" über uns selbst sagen! - Was müssen wir verändern, damit dieser Schatten zusammenfällt?

Du bist der Schöpfer deines Seins und was passiert ver-"ur" sachst DU selbst und wer kann es ändern: "DU".

Mir war nun klar, dass meine bewussten oder unbewussten emotional geladenen Überzeugungen dabei der Zaubertrank sind, der meine Wirklichkeit erzeugt und damit in welcher Qualität es passiert bzw. geschehen hat lassen.
Wir sehen und bekommen immer das, was wir glauben, und sind nicht der Erleider eines Kismets oder Schicksalsfatalismus!

Vielleicht fragst du als Leser, meiner philosophischen Erkenntnisse , oft auch ständig:

Welche „Bedeutung" und „Warum", was passiert? - anstatt dir deine inneren und äußeren Ziele zu setzen und zu beginnen, dich als Schöpfer zu erfahren!

Wenn du sagst: "Was passiert - passiert sowieso", erschaffst du nicht, reagierst nur, bleibst in Unsicherheit und Zweifeln und gibst deinem Leben und damit dir selbst keine Bedeutung!

Aber deine Wirklichkeit hat immer deine erschaffene Bedeutung, kann alles sein, für was du sie hältst.

Jedoch du gibst ihr keine Hingabe und Achtung und damit „heiligst" du sie nicht –Du stellst sie nur immer in Frage!

Du bleibst ein Schatten deiner göttlichen Schöpferkraft!

Nur du hast die Wahl, dein Leben und seine Situationen zu heiligen, d.h. heiligen heißt ihm und einer seinen Möglichkeiten Bedeutung zu geben.
Du hast die Macht dich mit erregenden Empfindungsvorstellungen deinem Leben „BE"- Deutung" und damit eine Existenz zu geben! Ansonsten bleibst du sitzen wie ein Adler auf einem Berg, der rings-um von Nebel eingehüllt ist und nicht weiß, wohin er fliegen soll, um Nahrung zu finden.
Wenn er keiner der Richtungen Bedeutung gibt, dann wird er ver-hungern!
Aber es ist natürlich auch eine Möglichkeit der Wahl deinem Leben keine Bedeutung zu geben. Dann identifizierst du und der Adler sich mit dem Nebel (*Lies mal „Nebel" rückwärts!*) existierst nur als Nebel, als Möglichkeit!

Wieder ganz nebenbei bemerkt, sind wir Meister in der Erzeugung von psychischen „Befürchtungsenergien", die durch uns in "passier-ende" Erscheinung treten.

Deswegen bekommen wir oft das was wir in unseren Befürchtungen glauben und nicht das was wir uns vorstellen! Die Angst also, die Befürchtung den richtigen Weg zu verpassen oder nicht zu nehmen, kann dich geradezu in das Verderben führen!

Wenn also unpässliche Darstellungen dauernd passieren, so handelst bzw. kämpfst du immer in oder gegen deine eigene Vergangenheit. Mit dem Kämpfen gegen das, sich im Außen manifestiert habende „Schuldige" schürst du nur noch das negative Störfeuer in deiner Zukunft und damit auch Sorgen.

Du schenkst diesem nur noch mehr Energie!

Aber die Frage „Was hat das, was passiert mit mir zu tun", also nach der Ursache in meiner Vergangenheit, wird nie gestellt.

Wenn du aber den Mut aufbringst den Ursachen deiner alten Gefühle ins Gesicht zu schauen, werden diese keine Macht mehr über dich haben.
Durch Akzeptanz und Änderung deines (Mangel~) Innersten löst du die Ursache für deine Schwierigkeiten, wie ich und du betrittst eine neue harmonischere Ebene deines Seins, die tatsächlich auch Wunder "passieren" lässt!

Du bist niemals getrennt von dem, was du erfährst. Du selbst bist Beobachter und Beobachtetes.

Das, was du für deine Wirklichkeit hältst, ist dein persönliches ver-"Rück"-tes Märchen, dein selbst erschaffenes „Münchhausenwunder"- das geschieht durch innere Erkenntnis und Änderung deiner inneren Einstellung zu deiner Welt!

Da gibt es aber diese Vernunft und der angeblich gesunde Menschenverstand, der uns für Wunder oft im Wege steht!
Vernünftig mit gesundem Menschenverstand sind wir angeblich gern. Aber schaut mal in die Welt, die von den angeblich Vernünftigen regiert und beherrscht wird - Lach!

Weise dabei deinem Verstand lieber vorübergehend öfters mal eine ausschließlich beobachtende Funktion zu. Denn wir missbrauchen, oder lassen uns von unserem begrenzten Verstand mit seinen Argumenten oft missbrauchen.

Da er sein Wissen aber aus der Vergangenheit und aus dem begrenzten Erfahrenen bezieht ist es naheliegend, dass er immer erkenntnis- und erfahrungsbedürftig ist, nie vollkommen die Situationen des Lebens überblicken kann.

Aber wie will dieser die Verantwortung für sich und sein Leben übernehmen, wenn doch die Herausforderungen deines Lebens, sowie des Lebens im Allgemeinen so schier unüberwindbar groß geworden sind und scheinbar immer größer werden?

Der Verstand, dessen repräsentativste Funktion auch die „Vernunft" genannt wird, lebt nämlich nie im „Jetzt".

Dies macht schon der Name deutlich: „Ver-NUN-ft"!

Dieses germanische Grundwort „Ver" hat nämlich auch die Bedeutung: „Weg von..."

Also ist die Vernunft zu sehen, als ein weg vom „NUN" gehen.

Es ist ein weg vom "Nun" gehen und damit eine Trennung von Gefühl und Denken.

Es ist ein Auseinanderdriften der Einheit in dir, und somit eine Trennung von „Denken, Handeln, Fühlen!"

So gesehen kannst du über den Verstand, mit seinem Bewerten und Abwägen und seiner propagierten Vernunft, nie ins Sein oder in (deinen) inneren Frieden kommen, wenn dein Denken, Handeln - Fühlen und Intuition dafür nicht in Einklang gebracht werden!

Wie willst du wirklich, mit deinen Stimmungen, deinen angeblichen Unzulänglichkeiten unterworfener Mensch, hier Verantwortung mit einem gesunden Menschenverstand tragen, für das Morgen, für die Katastrophen der Welt, für deren Ungerechtigkeit.

Kann ein Mensch überhaupt hier Verantwortung übernehmen?

Sicher, er kann da und dort etwas einsetzen, aber die Verantwortung, die ist immer zu groß.

Hier gilt es nun tatsächlich zu erkennen, dass die Verantwortung für das Leben, für dein Glück wegen mangelnder Fähigkeit zum Überschauen der Situationen in Zeit und Raum an sich ja nie beim Menschen und seinem Verstand liegt. Er kann und er wird in vielen Situationen immer wieder darauf hingewiesen, dass er, der Mensch grundsätzlich an sich hilflos ist. Ja, der Mensch ist hilflos, er ist schwach, mit seinem Verstand.

Erkennt dieser bedürftige Verstand, mit seinem Gefühl, Intuition und Vernunft, aber die Botschaften der ihn umgebenden Situationen und Darstellungen, so ist er fähig sich in einer neuen Qualität des sich vorher Unvorstellbaren als "Göttliches" erfahren zu können.

Du bist es aber immer! - Du bist immer die „Unbefleckte Empfängnis" des Weltengeistes,   des Allumfassenden, denn was den Samen des Geistes empfängt, ist die eigentliche „unbefleckte Empfängnis".

Du meinst Gebärende(r) zu sein?

Doch „Er" ist es, der sich in DIR gebar, als sein „Gewand", als „Form"!

Der Mensch ist ein „wachgeküsstes Potential" des Großen Geistes!

Er erschafft sich in dir und nicht von außen. Es kann nichts „Eins" mit ihm sein, ohne „Er" zu sein. Zweifel ist nicht Einheit. Verweile nicht im Zweifel sondern in Offenheit!

Wenn du als Mensch den Sternenhimmel ständig durch einen Strohhalm deines Verstandes, mit seinen begrenzten Überzeugungen betrachtest, wirst du nur einzelne Sterne sehen können.

Wirfst du deine Strohhalmbüschel weg, siehst du die ganze Pracht des Welt -"All'es"! – Du erkennst das Gefäß der göttlichen Kreativität in dir. Genauso ist es wenn du nach INNEN schaust und die "Strohhalmbüschel" deiner befleckten sprich begrenzenden „Blickmuster mit deinen Zweifeln „durchlichtest" - Dein weites, für dich vorgesehenes Potential deiner Möglichkeiten ist immer da!

Erkenne, als polar gegensätzlich empfindender Mensch, betrachtest du das Unbegrenzte Allumfassende immer nur quasi "befleckt", wie durch einen Strohhalm, besonders mit deinem Verstand. Je mehr du dein "Beflecktes" loslässt, gibst du dem Geist in dir Raum sein Unbeflecktes durch dich fließen zu lassen.

Also ein geistiges Wesen bist du immer, ob dir dies bewusst ist oder wird, ist eine andere Sache. Reinige deine Quelle vom verstopfenden Schmutzwasser deiner begrenzten Überzeugungen und sie tritt mehr und mehr "unbefleckt" bzw. „rein" zutage!

Die Mystikerin Teresa von Avila erkannte diese Zusammenhänge schon 1577:

„Wir brauchen nicht in den Himmel hinaufzusteigen noch aus uns selber hinauszugehen. In der Welt selbst und der eigenen Tiefe finden wir die geheimnisvollen Bereiche, in denen wir Gott erleben können."

Ein anderer großer Mystiker, Meister Eckart (1295 -1326), beschreibt ebenfalls die Beziehung zwischen Gottes- und Seelenerfahrung:

„Vergebens erhebt er (der Mensch) das Auge des Herzens zum Schauen Gottes, wenn er nicht fähig ist, sich selbst »zu schauen. Zuerst lerne der Mensch sein Unsichtbares zu erkennen, bevor er sich unterfange, das Unsichtbare Gottes erfassen zu wollen." …..„Denn, wer kommen will in Gottes Grund, in dessen Innerstes, der muss zuvor in seinen eigenen Grund, in sein Innerstes kommen; denn niemand kann Gott erkennen, der nicht zuvor sich selbst erkennen müsste."….
"Bei deiner Geburt wurden alle Dinge geboren: Ich war zugleich meine eigene und aller Dinge Ursache. Und wollte ich, so wären weder ich noch die Dinge. Wäre aber ich nicht, so wäre auch Gott nicht"

Gewürzt wird das ganze durch das apokryphe Thomasevangelium:

„Ich bin das Licht, das über allen ist. Ich bin das All. Das All ist aus mir hervorgegangen, und das All erstreckt sich bis zu mir. Spaltet ein Holz: Ich bin dort! Hebt den Stein, und Ihr werdet mich dort finden"!

Also gibt es ein Allumfassendes Bewusstsein, ein Göttliches Prinzip, das in allem ist, was existiert und nur bewusst gemacht werden will. Von dieser Kraft dieses allumfassenden Bewusstseins gehen alle Dinge aus!

Wenn du einmal von der Grundvoraussetzung ausgehst, dass du eingebettet in diesem Bewusstsein existierst, als ein Seiendes dieses Bewusstsein spiegelnd, so wäre das grundlegende Talent, das du möglicherweise hast, ebenfalls das Talent deine Unbegrenztheit.

Prinzipiell Allumfassend zu sein, bedeutet nun einmal unbegrenzt, vollkommen und sämtliche Möglichkeiten beinhaltend, also ein sehr schönes und sehr erstrebenswertes Talent, das du ganz einfach aus deinem „So sein", als deinem Menschsein in dir hast.

Da dieser Große Geist allumfassend ist, so bist auch du allumfassend, und somit ist auch ein höchstes Wohlbefinden, Harmonie und Verbundenheit mit ihm in dir angelegt!

„Weiter", sprich „Allumfassender" werdend, in deinem Bewusstsein hast du den Vorteil, all die Dinge automatisch erreichen zu können, die du dir vorher in deinem noch nicht erreichten göttlichen Zustand gar nicht in der Lage gewesen wärst, dir vorzustellen.

So ist das wichtigste in deinem Leben, dir deiner immer mehr bewusster zu werden. Denn in diesem Augenblick, wo es dir bewusst wird, kommst du genau in dieses Energiepotential hinein, in diese „magisch - erschaffende Kapazität", wo dir ein erfülltes „wunder"-volles Leben, egal nun was, entsprechend dieser Qualität gelingt.

Ganz allein darauf kommt es an! - Schaffe dadurch und damit die Voraussetzungen für das, was du ohne diese Voraussetzungen noch nicht sehen und erkennen kannst.

Um nämlich einen großen und weiten Überblick über dein Leben zu haben, über die sich zeigenden Möglichkeiten, bedarf es zuerst des inneren Aufstiegs deines menschlichen Bewusstseins.

Tief unten im Tal, in der Sucht deiner Bedürftigkeiten, kannst du die Gegend, in der du bist, mit all den darin enthaltenen Möglichkeiten nicht erkennen. Bist du aber bereit, dich da zu erheben, aus dem empfundenen Dunkel, des sich schwach und unsicher "Fühlens", in die Höhe deines „göttlichen" Bewusstseins, sprich, deiner eigenen zunehmenden erfassbaren Unbegrenztheit?

Kannst du dich da, dies immer mehr empfindend erhöhen: „Ich bin und in mir ist dieses Allumfassende" - „Ich bin auch ein Engel, ein Bote meines Lichtes" - Kannst du dich da im Allumfassenden sehen?

Nebenbei bemerkt! - Da erschien mir öfters mein (B~)Engel im Traum und sprach zu mir:

„Fürchte dich nicht" und ich sagte ihm:

„Lass das, das predigst du seit 2000 Jahren" schon den Hirten auf dem Felde – und weist doch selbst gar nicht was „Fürchten" ist!

Euer „Engelsein" ist doch langweilig! - Ihr seid doch auch nur ein Bildwerk von Gott!

Anders formuliert, seid ihr doch „speziell" personifizierte psychische Energiequalitäten, die das Allumfassende – „Gott", sich uns, den Menschen, auf „Anforderung zudenkt!" Das heißt, ihr könnt doch überhaupt keine gegensätzlichen Gefühlsqualitäten erfahren und all die umgebenden Dinge, Situationen nicht gestalten.

Aber wir als Menschen sind doch auch alle besondere Engel, die bloß neugierig seiend, etwas zu tief in die Materie, sprich in unser selbst erschaffenes energetisches Hologramm wie in einem modernen Computerspiel eingetaucht sind, um sich polar in allen Schattierungen erfahren zu können!

So sind wir Menschen sind doch immer bereits im Sein! – wenn auch meist nicht in unserer Mitte?

Warum? – weil wir als Menschen:

Sein = (**S**)omatische (körperliche) – (**E**)nergetische – (**IN**) formationsträger sind, in denen sich das Göttliche, in der Körperlichkeit, wie das Meer in einer Welle, erfahren will!

Also, wir haben uns eben eine somatische, sprich körperliche Dimension in einer Form, gleich „Verdichteter „Geist" zulegt haben, in der wir uns sinnlich polar als göttliche Informationsträger mit unseren gewählten Themen und Rahmenbedingungen in vielerlei Heldenreisen erfahren und somit sich auch fürchten können.

Das kann ein Engel nicht! – Ihr könnt also nicht mal neidisch sein, denn ihr seid ja nur eine bestimmte festlegte Energie, quasi eine Melodie im gleichen Takt, Rhythmus, Lautstärke sozusagen. Im Prinzip ist das eine Existenz, ein Leben, wie eine Suppe ohne Salz!

Wir aber, als „gefallene", sprich in die Materie „herabgestiegene" Engel, können unsere Melodie verzerrt, von hinten oder vorne, schräg, schrill, in einer ungeheuren gegensätzlichen Gefühlspalette spielend, erleben und erfahren, auch im „Sex". Damit kann auch ein bisschen Angst und Unsicherheit, existieren, da ja dabei in uns die Ordnung „noch" nicht da ist, die eben Abenteuerreiches erleben lässt!

Aber das Paradoxe ist doch:

Wäre in dir, die empfundene und bewusste Ordnung deines Geistes in der Materie in dir, mit umfassendem Durchblick bewusst, gäbe es da Entfaltungsmöglichkeit, bzw. gegensätzliches polares Erleben?

Nein! – Du wärst in deiner Mitte angekommen. Alles ist „gleich" - gültig" - keine Entfaltungsmöglichkeit mehr da, da keine „Leiden"- schaft für irgendetwas - zu allem emotionalen Abstand –keine gegensätzliche Empfindung mehr vorhanden ist!

Es lebe also die „leiden"-schaftliche Abenteuerlust und möge deshalb die Suche nach endgültigen Problemlösungen außerdem nie enden!

Warum? - Da gäbe es sonst keine verrückten Heldenreisen mehr, nur Stagnation, aber keine geistigen „Ent" –„Wick"- lungen!

Stelle dir vor, du müsstest all die Erfahrungen, die du gemacht hast im Sinne einer Theaterinszenierung bezahlen, da würdest du schon mit ganz horrenden Kosten konfrontiert werden.

Setze also mal anstelle von „existierenden Problemen", das Wort „Heldenreise mit „Abenteuer"!

- Würdest du dir ein Puzzle kaufen, wenn es schon fertig wäre!
- Würdest du dir ein Theaterstück anschauen, wenn`s
  keine Probleme gäbe, die einer befreienden Lösung zustreben!!
- Könntest du wachsen, wenn es sie nicht gäbe!
- Könntest du nicht eine höhere verbindende Wahrheit für deine
  polar empfundenen und erlebten Gegensätzlichkeiten finden?

Was wäre mit deiner Kreativität und Inspiration und aufregenden Spannungen?

Friedhofsruhe und Stagnation wären der Fall!

So sind wir alle doch irgendwie Engel, die bloß etwas zu tief in die Materie eingetaucht sind um uns in Gegensätzen erfahren zu können!

Das Leben verlangt nur eines:

Dich lebendig zu fühlen und sinnerfüllt zu leben und selbst das muss nicht sein – Es ist deine Wahl!

Es gibt da ein „Entweder – oder", „Sowohl als auch" – „Jetzt und nach-her" und ein statischer „Sei du selbst" oder „Innerer Frieden"- Zu-stand geht nicht bzw. zeitweise sicherlich und schon geht's weiter von Abenteuer zu Abenteuer oft mit „blauen Wundern".

Es ist eine lebenslange Reise zur Selbst- und Wachstumserkenntnis und ständiger „Entwick"-lung, die du, mit deinen Abenteuerthemen „er"-füllen und erfahren solltest, selbst, wenn du einen schmerzhaften Weg der „Nicht-Erfüllung" mit Weigerung wählst.

Es ist und bleibt deine Wahl und ich, Hieronymus, habe immer das Abenteuer gewählt und nie Askese und Büßertum im Mönchskittel oder ein Leben, als steifer genormter Offiziersadliger, lebend, aber innerlich „Tot"!

Da hat ein statischer Endzustand „im Inneren Frieden " keinen Platz! Du bist niemals getrennt von dem, was du erfährst. Du selbst bist Beobachter und Beobachtetes. Das, was du für deine Wirklichkeit hältst, ist dein persönliches Märchen, dein selbst erschaffenes Wunder. Dein Glaube an dich ist die einzige Voraussetzung, derer es bedarf, um dein Leben zu meistern.

Wenn Du dich veränderst, verändert sich deine Welt!
Ist das nicht das größte aller Wunder?

Wenn wir alles im göttlichen Plan unerfüllt sehen, sehen wir das alles aus unserer polaren Dimension.

Aber als „Gott" bzw. Engel in der Materie, in deiner virtuellen Computerkulisse/spiel mit deiner „3D –Brille", spielst du ja auch mit deinen Levels die verschiedensten Möglichkeiten überblickend durch und niemand darf dich in deinem Spielfieber daran hindern, dein Spiel, so wie du es willst, zu unterbrechen, ob du nun darin abstürzt, besiegt wirst oder siegst.
Du spielst es tausend Mal durch, bis es klappt und in listiger Weise kannst du auch noch bald, aufgrund deiner gelernten! Computererfahrung, Niederlagenmöglichkeiten im Spiel wegprogrammieren.

So bist du wie Gott der Herr all deiner Möglichkeiten, die auf deiner angelegten „Computerspieldisk" mit den gegensätzlichsten Möglichkeiten existieren, in die du „eingetaucht" bist.

Ahnst du vielleicht, warum das alte Gesetz so recht hat:

Wie innen, so Außen, Wie oben, so unten!
Alles spiegelt sich in Allem!

Du bist hier der Schöpfer deines Seins und damit deiner eigenen Münchhausenabenteuer!

Die Menschen, die du siehst, die Kulissen, die ganzen Installationen zur Erzeugung von diversen Bühnen, Dramen, den Theaterdonner, den Blitz, das Gewitter, den Brand, den Krieg und die Verbundenheit, die Liebe etc.

Das sind alles Effekte von dramatischen und oft tragisch empfundenen Informationen. Wie sonst können Menschen als polare Wesen erkennen, dass jemand hier „Leiden"-schaften erfahren oder aus dem Weg räumen will, durch diese Emotionen Leid erzeugt wird, wenn dieses Leid nicht theatralisch eindrucksvoll zur Darstellung kommen kann mit den entsprechenden Utensilien!

Wie sonst kann einem Publikum die Botschaft nahegebracht werden, sie zumindest Anteil nehmend zu mitfühlenden Emotionen zu bewegen und zu unbegrenzteren, übergreifenden Standpunkten?

Natürlich, wenn du im Kino sitzt und total fasziniert mit deinem Film oder Computerspiel, mitfieberst, freust du dich da nicht auch? - Aber dann, wenn der Film zu Ende und das Licht wieder im Saal leuchtet, dann gehst du hinaus und sagst: „Welch ein schöner Film" und bist mehr oder minder ergriffen – und genauso ist es mit dem Leben.

Solange es dunkel ist in deinem Bewusstsein, glaubst du in der Realität eines Lebensfilmes zu sein, glaubst du nur miterlebend, oft stets nur reagierend, an die Realität deiner holographischen Spiele, weil du es erleben, fühlen und begreifen und erleben kannst!

An diese Realität bist du gewohnt und glaubst, dass sie jetzt die Wirklichkeit ist! - weil du keine andere Wirklichkeit bis jetzt kennengelernt hast oder kennenlernen wolltest.

Du konntest/wolltest oft eine andere Realität, die du vielleicht ahntest, nicht annehmen.

Die wahre Realität aber deines Seins sind Darstellungen, wie in virtuellen Realitäten, die du heute schon dreidimensional erfahrbar, durch die Technik hautnah, erleben kannst.

Aber dann kannst du aus dieser immer geweckt werden um durch das Signal des Endes in deine „Wirkliche!" zurückzukehren.

Wie geht es in deiner subjektiven Realität?

Musst du nicht da auch immer ziemlich heftig oder schmerzvoll geweckt werden, um dich daran zu erinnern, dass deine wirkliche objektive Realität als einen Ritt durchs Leben, auf einer Kanonenkugel oder dabei selbst bewusst gewählten unterschiedlichen Kugeln, wieder als bewusster Spieler erkennen solltest, die du durch eine virtuelle Brille von begrenzten Überzeugungen, eine abhängige Computerfigur zu sein, verdeckt hattest?

Das ist die Macht der Liebe, von Stärke und Reichtum, alles Kriterien deiner wahren Realität, göttlich und unbegrenzt zu sein. Bist du nicht imstande die Realität des unbegrenzten Allumfassenden in dir zu erkennen, zu akzeptieren, noch die Fülle der Macht deines Seins, die du nicht mehr fühlst, in deinen Ängsten und Befürchtungen?
So bleibst du im tiefen Tal einer Unbewusstheit, wo du den Überblick über deine unbegrenzten Möglichkeiten nicht hast und bekommst!

Aber er/du alleine bist der Mittelpunkt deines Lebens, das Zentrum deiner Welt. In dir alleine ruht alle Schöpferkraft und von dir geht alles aus, das angeblich Gute und Böse, sprich Licht und Schatten. Du, die Menschen sind die Regisseure der eigenen Theaterstücke. Sie schreiben ihr Drehbuch durch ihre Empfindungsvorstellung bewusst oder unbewusst täglich neu und bestimmen die Handlung.

Jederzeit steht es dir und ihnen frei, eigene missliche Lebenskatastrophen umzuschreiben, wenn sie mit ihrem Verlauf nicht zufrieden sind.

Genau das ist deine Aufgabe, auf deiner Heldenreise, zu deinem erwachenden unbegrenzten Selbst, um ein erfülltes und sinnerfülltes Leben führen zu dürfen.

Er erfüllt dir immer nur Wünsche! –Sehr zweideutig nicht wahr?

Es kommt immer nur darauf an, was du dir in deinen Empfindungseinstellungen verbunden, mit deinem gewählten Abenteuerfocus „herbeiwünschst" und leidenschaftlich fütterst und bewusst spielst!

„Der Zauberlehrling" in eurem Goethegedicht hat es doch vorgemacht!

Was fütterst du also in Dir?

Deinen Hochmut, sprich: „GOTTERFÜLLTEN HOHEN MUT" mit deinem Glauben an dich, Vertrauen, Zuversicht und Hoffnung? - oder die viel beschworene begrenzte „Menschlichkeit", mit ihren Bedürftigkeiten, wie Angst und Verzweiflung und Dunkelheit?

Es ist immer deine Entscheidung, was Du wählst!

Du bist Sein Ebenbild! - Wieso sollte Er dich und damit sich verurteilen?

Er gibt dir das, was du in dir fütterst!

Kennt ihr das in eurem Leben hoffentlich nicht auch?

Stelle dir vor, du willst eine Abenteuerreise unternehmen und du hast dir für die Erkundung der Landschaft vorgenommen, bei einer Leihwagenfirma einen Leihwagen zu mieten. Dabei hast du dir ganz bewusst ein bestimmtes Modell ausgesucht. Du hast dir vielleicht ein Modell ausgewählt, das dir Freude macht, vielleicht ein Coupe, Jeep etc, auf jeden Fall etwas witziges außergewöhnliches, ein ganz originelles, nicht alltägliches Fahrzeug.

Du bist dabei offensichtlich durchaus bereit, ein bretthartes Fahrge-
stell zu wählen. Und wenn du nun über die welligen Straßen fährst,
hüpft das ganze Gefährt ganz gemeingefährlich.

Aber, um dieses „Feeling" erleben zu können, hast du es gewählt!

Dass du zuhause ein luftgepolstertes, mit Ledersitzen ausgestattetes
Fahrzeug benützt, ist klar, aber hier genießt du quasi deinen Abenteuerurlaub, und um genau das geht es.

Wenn du irgendwo hinfährst, vermisst du unter Umständen vieles
von dem Komfort, von der Bequemlichkeit, von dem Standard, den du
zuhause hast.

Aber es ist hier am Urlaubsort etwas anderes. Es ist schön, interessant und du genießt es dort zu sein, natürlich auch in dem
Bewusstsein, dass du nicht ewig dableiben musst, denn immer hier
hinzufahren, wäre auf Dauer auch langweilig.

Aber so, für kurze Zeit, ist es hochinteressant, mit den sich hier
zeigenden Unvollkommenheiten, wie in einem Abenteuerurlaub, vielleicht kombiniert mit einer Durchschlageübung, konfrontiert zu werden und Spaß daran zu haben, dass du z.B. den faden Kaffee suchen
musst, wo die Milch, das Brot und wo die Butter zu finden ist, ist eine
weitere interessante Übung.

Irgendwie gehört das zum Abenteuerurlaub dazu!

Obwohl es nicht ganz perfekt funktioniert, und du öfters im sprich-
wörtlichen „Schweiße deines Angesichtes" eingreifen musst, ist es
herrlich diese Unvollkommenheiten zu genießen.

Genauso ist es in deiner Körperlichkeit hier auf der Erde. Es ist
eigentlich der Sinn deines Lebens, das prickelnde, andersartige zu
genießen. Deswegen bist du ja auf diese Erde gekommen. Die Voll-
kommenheit hast du ja sowieso zuhause.

„Irgendwie und irgendwann" bist du in das „Göttliche Reisebüro" gegangen und hast dort eine Reise gebucht. Du wolltest eine ganz bestimmte Region, mit ganz bestimmten Anforderungen, sprich Themen und Eigenschaften, erleben. Die Reise z.B. in die Sahara steht, was du dort erleben willst, hast du im Katalog gesehen.

Aber erfahren hast du es noch nicht!

Nun weißt du ursprünglich, dass es in der Sahara heiß ist und du eine entsprechende Kleidung brauchst. Wenn du dann also irrtümlich einen Pelzmantel anziehst, fängst du an unter dieser Hitze zu leiden. Deshalb bist du aufgefordert deine Einstellung zu der Situation zu ändern und den belastenden Pelzmantel auszuziehen.

Das sind die Lernsituationen deines Lebens, die einmal erkannt, dein Abenteuer zu einer herrlichen Reise werden lassen.

Deshalb genieße, was sich hier, in deinem Leben darstellt!

Erkenne dabei gleichzeitig, dass sich das was sich in deinen Abenteuersituationen darstellt, zur Erfüllung deiner Wünsche gehört, denn du wolltest es ja erleben. Es war kein Zwang. Es war nur das prickelnde Gefühl vor diesem Abenteuerurlaub in der Sahara, auch wenn du manchmal vor Angst und Panik denkst:

„Um Gotteswillen, hoffentlich werde ich immer genug zu trinken und zu essen haben".

Fühle dich in das Gesagte ein, in dieses wahre Sein deiner Bestimmung.

Du bist im Prinzip schon die Erfüllung all deiner Wünsche. Wiege dich in der Hängematte deines Lebens, genieße die harmonischen Möglichkeiten, die sich durch die richtige Interpretation deines Lebens darstellen und wisse, dass du in absehbarer Zeit abgeholt werden wirst und wieder nach Hause kommen darfst, weil du auch dieses schon gebucht hast.

Du bist deshalb eingeladen, dir bis dahin keine Gedanken zu machen, da für alles gesorgt ist, für die Unterstützung, als auch für die Abenteuer.

Erkenne, dass du bist, immer warst, in welchem körperlichen originellen Fahrzeug deines Körpers du dich auch immer bewegt hast. In diesem Urlaubsland spielst du als ein spezieller individueller Mensch, als eine Darstellung des Allumfassenden. Du bist immer beides!

Auch darfst du dich mit deinem Urlaubsimage bewusst völlig identifizieren. Es genügt dir ja nicht einen Urlaubsfilm über das Land anzusehen, sondern du willst es selbst in einer entsprechenden Körperlichkeit erfahren, ohne durch eine Glasscheibe zuzusehen. Du willst es hautnah erleben, denn du weißt doch genau, wie schal manche Diavorstellungen sind - eben weil diese Dimension der eigenen sinnlichen Erfahrung fehlt.

Wenn du dein Leben so bewusst sehen lernst, im Sinne von:

„Das ist genau das was ich gebucht habe", dann bist du ja viel eher bereit es anzunehmen und es zu genießen mit Freude, was sich hier darstellt. Wenn du es so sehen kannst, nimmst du nichts mehr ernst und das ist das Wesentliche:

Wenn du kapierst, es nicht mehr so ernst zu nehmen, denn es sind Darstellungen, die du gebucht hast und du hast dafür „bezahlt". Diese Bilder verhelfen dir dazu, dein Leben anzunehmen - und es zu genießen.

So erhebst du dich hinein in die Dimension deines „Licht- Seins" und dir dämmert ein Überblick über dein Leben. Mehr und mehr erkennst du dann, was dir dein Leben sagen will. Mit deinem geistigen Auge erkennst und durchblickst du mehr und mehr, was dir die Darstellungen deines Lebens sagen wollen, um ein erfülltes Leben zu führen.

Wozu fordern dich diese Darstellungen deines Lebens auf - Was fehlt und was ist zur Genüge da?

Es zeigt dir, wie viel Liebe und damit eigene Schöpferkraft du in dein Leben und damit zu dir eingebracht hast und wie viel du dazu nicht imstande gewesen bist. Das befreit dich außerdem von dem Gefühl der Schuld. Du bist niemals an irgendetwas schuld gewesen in dem Sinn, dass du es absichtlich getan hast um jemand zu schaden, sondern es geht darum zu erkennen:

Du bist etwas schuldig geblieben im Sinne:

„Ich habe alles an mir möglichem Vertrauen gegeben, aber mehr war nicht drin". Sieh deine kleine Kapazität mit der du deinen Anforderungskatalog deines gebuchten Lebens gefüllt hast. Aber das Gefäß bzw. deine innere Kammer in dir, war zu klein.

Dein Selbstwertbewusstsein war zu gering, sprich dein Gottbewusstsein in dir, war zu wenig bewusst, um den Überfluss des Göttlichen in dein Leben hineinzulassen.

So warst du eigentlich auch als Bestandteil dieser allumfassenden Göttlichkeit, die immer reine Liebe ist, niemals in der Lage Böses zu tun. Du warst aus dir heraus bedürftig. Aber jetzt in diesem Augenblick hast du die Möglichkeit ganz intensiv aus der Mitte deines Herzens heraus bereit zu sein.

Gib der Göttlichkeit in dir diesen Raum und sei bereit, all das, was diese dir als deine Anlagen gibt, anzunehmen.

Durch die intensiv gefühlte „Zauberformel":

„Ich bin!" die Erfüllung all meiner Wünsche"
„Ich bin es wert, vom Leben beschenkt zu werden"

gibst du dir die psychisch -schöpferische Voraussetzung dafür.

Da diese Aussage dir gegenüber so wichtig ist, so höre sehr oft in der Stille diese innerlich gesprochene Formel, über das harmonische bewusste Strömen deines Atems in der Stille, der dich ja mit dem Atem des Weltengeistes und damit seiner Unbegrenztheit immer verbindet.

So wird dieses bewusster und kann sich mehr und mehr im Außen in angenehmer Form darstellen. Sei dafür total bereit für mehr und mehr Augenblicke jeden Tag dafür offen zu sein, es anzunehmen.

„Er" – Füh(l)le deine Verantwortung, diese Freude für das Glück, d.h. für ein sinnerfülltes Leben und Lebendigkeit die Möglichkeiten, die aus dieser Formel entstehen werden.

Du bist doch bereits die Erfüllung deiner Wünsche und das Allumfassende ist immer darauf eingerichtet, dir das zu geben, was du annehmen kannst!

In Bezug auf diese obigen Erkenntnisse hatte ich Hieronymus des Nachts wieder einen Traum:

Kommt ein Mann auf eine Lichtung und erblickt dort einen Tempel und er weiß er ist angekommen. Dort wohnt Gott stellvertretend in deiner Seele - und er geht zum Tempel - steigt die Stufen hinauf und drückt schon die Türklinke!

Plötzlich durchzuckt ihn ein riesen Schrecken!

Wenn ich da jetzt hineingehe, ist alles zu Ende - keine Träume, Sehnsüchte und Ziele mehr, kein Hassen, kein Zorn, keine Wut, aber auch keine Freude mehr, keine Abenteuer, kein Entdecken mehr -nur Sein, aber keine neue Erfahrung!

"Nein" sagt der Mann- ich möchte noch eine Zeitlang ein "Verlorener Sohn" sein, der nicht schon in das Haus des "Vaters" zurückkehren möchte, sondern sich lebendig erfahren möchte in den Abenteuern des Lebens!

Sprach`s und drehte sich um und lief, was die Beine hergaben!

und rief laut:

„Das Leben soll sein für mich, wie ein Ritt auf Kanonenkugeln, aber keine Grabesruhe! - So will ich nicht leben, sondern mich lebendig fühlen!

„Danke für diesen Traum", rief ich, Hieronymus, erwachend:

Ich erkenne wieder ganz deutlich, dass meine Gaben psychische Unabhängigkeit und Freiheit sind, mit einer Originalität und die Bereitschaft, sich stets zu ändern, und mit unerwarteten zerstörerischen Umständen fertig zu werden, durch meine gefühlte innere Kraft und Stärke und Vertrauen in den „Großen Geist" in mir!

Jede Erfahrung, die ich mache ist Leben und Lebendigsein, wenn ich Dunkles und Helles als Weg akzeptiere und nicht unlebendige Friedhofsruhe als stagnierendes Vampirdasein, wie meine Ahnen bevorzuge!

Dazu gehört auch immer der „Krieg" oder wie immer man Konflikte nennen mag. Er dient dem Wachstum und der Selbsterkenntnis, wenn du deine Schlüsse daraus ziehen kannst, zu was er dich auffordert! Das sogenannte Böse in deiner Abenteuerheldenreise war dabei nur die ungewandelte Kraft, ohne bewusste Wachstumserkenntnis in dir!

und oft reichte ja auch „Zischen" anstatt zu „Beißen" –zur Erlösung!

„Mal ganz nebenbei", so flüstert Gott eben aus dem Himmel:

„Solange du Probleme hast, weißt du, dass Gott an dich denkt!"

Gewohnheiten und Routinen

Dasselbe gilt natürlich auch für deine alltäglichen Routinen und Gewohnheiten und gerade an meinen Geschichten, sieht der Leser deutlich, wie sehr ich Routinen und Gewohnheiten wohl hier gehasst habe!

Du bist der Schöpfer deines Seins und Schicksal erzeugst du mit deinen Drehbüchern!

Routinen bzw. Gleichförmigkeiten bieten uns Qualitäten und Sicherheit an. Sie sind auf etwas bekanntes subjektiv Ergebnishaftes bezogen. Gewohnheiten neigen im Allgemeinen dazu, sich ohne bewusstes Denken und Fühlen zu wiederholen.

Gedankenlos spielt das Schicksal angeblich die gleiche Melodie und legt uns die Ketten der immer gleichen Routinen an, das in Trägheit mündet.

Ja! - Sie können stabilisieren, nähren und Schutz bieten. Wenn aber Gewohnheiten ausschließlich und allzu beharrlich ausgelebt werden, entwickeln sie sich zum Gefängnis. Die gewohnheitsmäßige Routine sollte mit bewusster Analyse verbunden werden, um die psychische Entwicklung zu fördern, um einen sich stets wiederholenden Kreis zur Spirale der Wandlung weiterzutreiben, um Neues ins System herein zu lassen!

Es bleibt sonst kein freier Wille, sondern ein Laufen im Hamsterrad der „Normophatie" in verkrusteten vernetzten Beziehungen ohne Möglichkeiten der Wahl!

Man reagiert nur!

Jede bewusste Wahl löst Resonanzen aber in vielen anderen Lebensgleichungen aus, sie zieht vieles nach sich, dessen ich mir im Augenblick der Wahl noch nicht bewusst bin.

Wenn ich aber mit Herz und Verstand ansehe, was ich auslöse, kann ich das Muster meiner Beziehungen zu anderen Menschen, zu meiner Umgebung überhaupt, zu Gott - zum Weltengeist verändern, einfach dadurch dass ich mein Leben anders wahrnehme und ihm andere Werte zugrunde lege und sie damit auch Abenteuer sein können.

Mehr Bewusstheit bietet mir mehr Verhaltensmuster, aus denen ich wählen kann, selbst, wenn ich morgens den Weg zu meiner Arbeit anders wahrnehme oder stetig verändere.

 Wer immer das bewusst tut, was er in einer Routine kann, könnte es immer mehr mit mehr Liebe oder eine aufbauenderen Einstellung zu sich selbst tun! -Dadurch eröffnen sich immer Nuancen von anderen Betrachtungsweisen, wie bei einem Urlaub am selben Ort, der durchaus immer sehr bereichernd sein kann und man wird immer das sein, was man in Bezug auf seine Situationen denkt, fühlt und er-schafft! und so bemerkt:

Es kann die größte Freude und eigentlich nichts Tödliches, in der Routine als Müllmann oder Beamter etc., darin liegen, zu fühlen und zu beobachten, welch wertvollen Dienst man leistet, wie man Menschen damit froh macht, sich mit ihnen bereichernd unterhalten kann, in Beziehung im Laufe der Zeit mit ihnen treten kann etc.. Das verändert dein Leben, obwohl man dasselbe tut!

Selbst eine Putzfrau ist für die Gesellschaft im selben Tun unent-behrlich! - Sie wird in ihrem vielleicht jahrelangem Tun nie dieselbe bleiben, wenn sie mit der Zeit ihren Selbstwert in ihrer Unentbehr-lichkeit entdeckt und je größer diese innere Veränderungen sich in ihr gestalten, desto erfüllendere Möglichkeiten, auch beruflicher Natur, werden sich ihr anbieten, auch über Wunder!

Die Struktur der Psyche wird sich natürlich dabei um einiges schnel-ler weiterentwickeln, als die des Körpers und der äußeren Begeben-heiten, die dafür noch Zeit und aufzubringende Geduld brauchen, bis es in die erfahrbare Erscheinungsform tritt.

Es ist wie beim Gleichnis vom Sämann (NT:13,1,1-9) - Es wurde psychisch etwas Neues „gesät" und es braucht immer Zeit, bis diese Saat aufgeht und Frucht trägt, wobei es darauf ankommt, wie fruchtbar du deinen Boden dafür gemacht hast, bzw. du dafür offen bist!

Deine psychischen Muster sind nicht aus festem Fleisch, sondern bewegliche Energieansammlungen, die mich, wie ein Magnet angezogen „umschweben" und sich mit dem Wandel von inneren Einstellungen neu manifestieren.

Man bekommt andere Resonanzen, die Wunder beinhalten können, ja sogar erst geschehen lassen!

Durch bewusste Aufmerksamkeit und Einstellungsänderungen kann die Psyche wie bekannt selbst Krankheiten relativieren. Dies geschieht dadurch, dass wir die einfache Entscheidung treffen, das emotionale Netzwerk unserer Resonanzmuster zu erweitern und die darin enthaltene Triebkraft in Selbsterkenntnis oder gewandeltes Tun oder Fühlen wandeln.

- In welche Richtung gehen meine Gewohnheiten?
- Wohin führen sie mich?
- Was fühle ich dabei!

Das sind die Fragen, die gestellt werden müssen, um die Dynamik von höheren bzw. ungeahnten Freiheitsgraden bzw. deine Schöpferkraft zu beleben.

Wenn ich mich gerade erst auf den Weg der Eigengestaltung meines Lebens begebe, muss ich so gar nicht unbedingt wissen, wie dies zu geschehen hat, entscheidend ist, dass ich es auch empfindend tun bzw. verändern will. Jeder Punkt ist so gut wie jeder andere, um zu beginnen.
Indem ich diesen inneren Pakt mit dem „Universum" als „Kopiermaschine" meiner Muster abschließe, werden andere Muster zum Schwingen gebracht, die dafür sorgen, dass geeignete Veränderungen bzw. Münchhausenwunder auf mich zukommen.

Ich werde unterstützt, größere Zusammenhänge und ihre Muster zu erkennen. Damit habe ich mehr bewusste Wahlmöglichkeiten und das bedeutet mehr Überblick mit freiem Willen. All dies geschieht einfach dadurch, dass ich meine Achtsamkeit gegenüber gewohnheitsmäßigen Zusammenhängen und ihren Wirkungen in mir erhöhe.

Erhöhte Bewusstheit, die dazu benutzt wird, gewohnte Wiederholungen zu verändern, wandelt die Dinge. Ihre qualitative Funktion ist so sehr verschieden von ihrer quantitativen Wirkungsweise, bei der ich mich bemühe. anstatt vorgegebene Antworten zu suchen, anstatt meine Antennen neu auszurichten, um die Resonanzen besserer Wahlmöglichkeiten „anzuziehen".

Dann werde ich nicht ziel- bzw. ergebnis- sondern prozessorientiert!

So ist es so, dass ein Mystiker, wie ich, der Freiherr von Münchhausen, seine Welt erschaffen hat, während der "Normalo" dies meidet, weil es ihn aus seinen ergebnisorientierten Gewohnheiten bringen könnte"!

Ändere also Gewohnheiten und führe neue emotionale Einstellungen und Blickwinkel in gleichförmige oder ritualisierte Abläufe ein und warte nicht auf Schicksal:

„Wie innen, so außen, wie oben so unten" - Die Ursache des Schicksals mit dieser Eigenmacht bist du!

Fazit:

Du kannst auf dieser Heldenreise zwar deine Kanonenkugel wechseln, aber wie du es erfahren und leben willst und wirst, ist immer deine Wahl:

Hoher Mut und Zuversicht oder Angst und Panik?
Es geht immer um:
„Die Macht deines des Bewusstseins und des Glaubens!"

Jeder Mensch ist ein Gedanke, ein Bildwerk, ein „Selbst-und- Welt-BilderIdeal" des Allumfassenden Bewusstseinsfeldes im Austausch mit seinem „ALLES, WAS IST! – sein Bewusstsein in der Zeit, ein energetisches Muster. Es ist, als seine Schöpfung, eine Facette des Allumfassenden und dort eingebettet!

Du bist sein „ICH BIN" in der Welt, in der du lebst!

Die Welt die du erlebst ist in dir! - und du bist alles, was du erlebst! Du gestaltest deine Welt aus den Vorstellungen deines Bewusstseins! Jedes Bewusstsein braucht eine Gegensätzlichkeit, sonst könntest du gar nicht die Frage beantworten:

Wessen bist du dir bewusst?

Du bist Gott in dieser Welt und dieses" Alles was ist", erkennt und erfährt sich an dem, was du in dieser Welt erkannt hast! – Du bist ein „WALK IN" der Göttlichkeit in einer Form! In deinem Leben geht es darum dein Gott zu sein. Du spielst in deinem Leben die Hauptrolle und die anderen warten auf deinen Einsatz!

"Bei deiner Geburt wurden alle Dinge geboren: Ich war zugleich meine eigene und aller Dinge Ursache. Und wollte ich, so wären weder ich noch die Dinge. Wäre aber ich nicht, so wäre auch Gott nicht" (Meister Eckehart 1295 -1326)

Also bearbeitete ich mit meinen Erkenntnissen, meine Angst und meine Panik vor dem Leben. Erst dadurch konnte ich jetzt durch die empfundene eigene Lebendigkeit all die verrückten Erlebnisse durchstehen, die mich oft an den Rand des Todes gebracht hatten:

Wie?

Solange die Seele „brennt", gehörst du dem Leben

Da saß ich nun, Hieronoymus, zunächst als junger anständiger Adelssohn und sinnierte an Weihnachten oft vor mich hin in meinem Verhältnis zu Gott, dem Weltengeist, dem Sinn und meinem Leben:

Wenn du Gottesanschauungen gebärst, gebärst du auch den Teufel - Willst du dem Bösen durch menschlich begrenzte Gottesanschauungen oder Ansichten über fixe moralische Anständigkeiten entrinnen, so erschaffst du in dir nicht die Gegenwart Gottes, sondern Lauheit. Wenn du willst, dass Gott nur herrlich und strahlend in dir ist, durch eine Gottesanschauung, dann schmeckst du die Hölle, gegen Paragraph §„1" der „Göttlichen Hausordnung" verstoßend:

Du sollst dir kein (menschlich begrenztes~) Bild über Gott machen!

Wenn du Gott also erfahren willst, musst du jegliche Gottesanschauung in den Konfessionen erschlagen. Sie sind ein Blick auf das Meer des Weltengeistes, aber nicht erfahrbar hinein! Meine Seele trägt aber doch Gott immer in sich. Gott ist dein Leben und er geht immer mit dir, gegenwärtig seiend, aber nicht mit den Anschauungen eines anständigen Menschen. Das ist immer eine Landkarte vom Leben, aber nicht das Leben. Du kannst ihn in wortgefassten Anschauungen von anständigen „Vor"-Bildern nicht erkennen!

Da saß ich auch, als der konfessionelle anständige Gottesmensch, in meiner Besinnung auf mich: "Habe ich den erreichbaren Zenit meiner konfessionellen Anständigkeit erreicht"?

Jahrelang bin ich auf die „Jakobsleiter" gestiegen, auch durch meine äußeren Erfahrungen im Leben, wo ich auf dieser bzw. auf meiner jungen Offizierslaufbahn immer weiter und höher wollte, um einem angeblichen Erlöser nahe zu kommen, den ich nur aus verstaubten Erzählungen, Büchern und Anschauungen kenne und nichts persönliches von ihm existiert.

Diese aber, so musste ich feststellen, waren oft verfälscht und mit einseitigen Gottesvorstellungen behaftet und mit dem ich nie um Erkenntnis ringen konnte.

Jetzt aber, bin ich müde und es leid und es wird aber Zeit, den anständigen Weg zu korrigieren. Ich habe dabei oft in Opposition zum Leben gelebt, im Transit von Situation zu Situation, oft in den Schatten gestellt von vermeintlich größeren heiligeren Menschen, die mir oft allen Raum einnahmen. Ich habe eine verstümmelte Sprache des Lebens gesprochen, bewegte mich im Orbis von Priestern und angeblich heiliggesprochenen Menschen, als meine Fixsterne und erlebte oft gleichzeitig dabei das Ende all meiner Hoffnungen.

Das Leben sprach dabei stammelnd seine undeutlichen Sätze, zu meinen Gottesanschauungen, wie ein delphisches Orakel im Delirium. Vergeblich entwarf ich obskure konfessionelle Aspekte für mein Leben, wollte meinen konfessionellen Regeln nachfolgen. Es war nutzlos. Jeder äußere Weg bestätigte nur diese Diagnose, brachte keinen Heilungsvorschlag, versäumte es, mir deutlich zu sagen, dass hinter jedem Kummer und Schmerz die eigene Macht verborgen liegt, diesen in fließende für mich zuständige Kraft zu verwandeln.

"Es ist Zeit", sagte ich mir selbst, als Gottes Ebenbild, mehr Spielraum mit seiner Kooperation zu geben und meine Hauptrichtung selbst festzulegen." Dem Wahnsinn nahe, schob ich meine Gottanschauungen, Heilige Bücher, Vorbilder und Heilige und Ideale beiseite, wandte mich mir selbst zu! - Die ganze Weihnachtsnacht hindurch, bis die Sonnenstrahlen des frühen Morgen meine dunkle Ecke erleuchteten. Ich erhob mich und öffnete die Fenster meines Inneren.

Ein Licht überflutete mich mit Wärme und erfüllte mich mit Staunen und dann sprach das Göttliche – der Weltengeist- durch mich:
"Ich bin ein Kompass, "sagte es, „doch keine Landkarte! Ich bin ein Leitfaden, und Führer, wenn du ihn brauchst. Doch du allein musst entscheiden, welcher Straße du folgst, aber du musst dein Lebensformular mit deinen gewählten Themen selbst ausfüllen, mit den Schritten deiner eigenen Erfahrung.

Einige Geheimnisse werde ich dir niemals enthüllen. Ich lenke dich dabei auch vermeintlich von deiner Suche ab, frustriere dich, erzwinge deine Wandlung durch wachstumsfordernde Irrwege und Abenteuer, nötige dich, nach außen zu gehen, durch deine unzähligen Abenteuer, Hereinforderungen des Alltags und Konflikte deines täglichen Lebens, die deine Anständigkeit relativierten.

Ich erlaube dir noch einen Augenblick der Stille bei Sonnenaufgang, und dann treibe ich dich tief hinein in dein Leben. Dort kannst und sollst du erfahren, dass du nie tiefer als in meine Hände fallen kannst und das sind zärtliche „zu"-ständige Hände, die dir Geborgenheit, Sicherheit und Vertrauen geben für deinen Weg. Von dort wirst du erkennen und auch spüren, wie sich der Entwurf als dein Wachstum entfaltet, und wie dein Leben geschrieben ist. und du drückst mein Licht als Leben aus, das mit den Energien jedes neuen Morgens fließt."

Berührt erkannte ich, Hieronymus: "Ich habe nun in meinem Leben einen anderen Winkel erreicht. Nun will ich beginnen, zum inneren Zenit aufzusteigen. Ich begreife jetzt meine Existenz nicht mehr als unberechenbares Niederträufeln von Barmherzigkeiten für konfessionelle oder nur bürgerliche „Anständigkeiten", sondern als Absicht meiner Seele, sich mit mir, zu ihrer höchsten Version, mit meiner und ihrer Schöpferkraft zu entwickeln!

Ich habe begriffen, dass dabei mein Selbst - dieses Innere, meine Seele, der richtige Ort ist, wo alles für mich verständlich und fühlbar erkennbar wird, wo ich mich auch bei verworrensten Situationen meines Lebens zurückziehen kann.

Ich erkenne, dass dort einfach und klar ein übersichtlicher Sinn existiert, der mich führt und beschützt, auch mit erfahrbarer Verbundenheit, zu meinem Umfeld!

Danke, dass ich all das, in meinen haarsträubenden Abenteuern kennenlernen durfte!

Winde und Stürme

Und der Weltengeist sprach wieder zu mir:

Sei bereit, deinem wahren Wesen und aus dem Erkannten entsprechend das Göttliche in dein Leben zu lassen. Das bedeutet aber gerade, in deinem konkreten Falle, bereit zu sein, dem Göttlichen in deinem Leben Raum zu geben. Das bedeutet zu räumen, Platz zu machen, Altes, nach wie vor Vor-handenes zu eliminieren, es wegzugeben, es loszulassen:

Atme die Klarheit, die Reinheit, atme das Licht.

In deinen ägyptischen Inkarnationen sprachst du immer von „Mer- Ka- Ba" (Vgl. S. 116)*, deswegen hast du in deinen Abenteuern ja heute auch ganz spezielle Kontakte zu diesen orientalischen Herrschern und wenn du dich da einfühlst, erkennst du wieder den altägyptischen Begriff des „Ka" des „Geistig-Spirituellen" des Menschen, seine Seele, könntest du heute sagen.*

„Mer- ka- Ba " – ist der Beginn. „Mer" ist der Anfang. (Vgl. S. 116)

Das heißt, dass deine Seele, dein geistiges Sein von einem Anfang beginnt der kein Ende hat und einem Ende beginnt, dem nie ein Anfang vorausging. Somit fehlt ihm das dir bekannte Ende und der Anfang: „Jeder Anfang hat ein Ende ist doch einer deiner bekannten Sprüche".

Aber hier, bei deinem "Mer Ka Ba" sein, gibt es nur das was ist, und das ist das „Ka", deine Seele sein, dein Geist, dein „Spirit", dein Bewusstsein sein. Dieses Sein beginnt überall dort, wohin du zu blicken in der Lage bist.

Dieses Sein hat kein dir vorstellbares Ende, sondern immer wieder nur einen Anfang. Genauso bist du eingeladen, dein Leben von nun an zu sehen.

Jeder Tag, jede Stunde, jeder Augenblick sind wieder nur ein Anfang. In jedem Augenblick deines Seins, in jedem Atemzug beginnt in deinem Leben etwas Neues und du bist eingeladen, es so empfinden zu lernen.

Es bedeutet ganz einfach für dich, keinen einzigen Gedanken mehr daran zu verschwenden, was einmal war und wie du dir einmal oder irgendwann einmal, oder vielleicht auch immer wieder dein Leben vorgestellt hast oder wie du in der Lage gewesen bist, dir einmal dein Leben vorzustellen. Was immer es auch sein mag, aber es liegt vor dir und du kannst es nicht sehen, obwohl du es siehst, weil das was du siehst, größer als dein Auge ist, heller als das Licht, das du zu ertragen imstande bist.

Fühle es, dass du bereit geworden bist, deiner Göttlichkeit zu begegnen, dass du bereit geworden bist, Gott in deinem Leben zu begegnen!

Aber was bedeutet das „Gott zu begegnen?"

Vielleicht kommt hier dann immer wieder dein Verstand und meint, hier kommt dieser alte Mann mit dem weißen Bart. Nein, Gott zu begegnen, ist die Einsicht, die du gewinnst, dass dein Leben genauso wie es ist, ein göttliches Leben ist. Das bedeutet, dass dein Leben genauso wie es ist und vor allem auch so wie es war, immer ein göttliches Leben war, ist und immer sein wird.

Je „göttlicher" du wirst, sprich, je bereiter du wirst, deine Göttlichkeit anzunehmen, diese bewusst werden zu lassen, desto mehr vom Göttlichen an sich, kann dir nur begegnen.

Was bedeutet es deine Göttlichkeit anzunehmen?

Ganz schlicht, auf der Ebene des Verstandes ausgedrückt, heißt das:

Deine Göttlichkeit anzunehmen bedeutet, dass du endlich kapierst, dass Gott und nur Gott auch in deinem Leben existiert, in dich eingebettet ist, und du somit ein göttliches, ein vollkommenes Wesen bist.

Das was dich noch davon trennt, ist vielmehr das noch „Nicht – Erkennen" deiner Ganzheit, die noch dein Unbewusstes von deiner Bewusstheit trennt!

Ja, hier wird von dir gesprochen, um jeden Zweifel auszuschließen. Es geht darum, dass du dich hineinführen lässt, in deine Bewusstwerdung, was du bist und damit natürlich, was deine Aufgabe ist.

Denn, glaubst du wirklich oder könntest du meinen, dass du in deiner Göttlichkeit hier auf Erden keine Aufgabe hättest?

Du hast eine Aufgabe, aber diese persönliche Aufgabe in deinem Leben sieht anders aus, als du bisher geglaubt hast.

Nun könnte es ein ganz klein wenig peinlich für dich werden!

Bist nicht du die Person, die oft mit Vorliebe sich um andere und sich um anderes gekümmert hat? Warst du nicht besorgt um dieses oder jenes und sahst du deine Aufgabe nicht darin, welch schrecklicher Irrtum übrigens, dich ganz besonders um andere oder anderes zu kümmern? - abgesehen vom mitschwingenden Kummer, den du dir im Sinne von Sorgen und Befürchtungen machtest, hast du dadurch dem Anderen immer unterstellt, dass er bedürftig sei.

Welch eine Selbstgerechtigkeit in dir, die selbst nach innen schauend, die mangelnde Fülle und damit die eigene Bedürftigkeit vergessen machen will.

Wo bliebst du? - War die ständige Motivation deiner Sorgen und Kümmernisse der Welt nicht auch deine eigene Unsicherheit - und wärst du nicht unsicher gewesen, hättest du dich motiviert gefühlt zu kümmern?

Die Welt wirst du nicht vornehmlich durch dein Kümmern ändern, sondern nur durch deine Einstellung zu ihr. Es ist eine Erkenntnis, dass die Welt, und der andere da draußen, im Äußern nicht getrennt von dir zu sehen ist.

All die Ungerechtigkeiten, all die Kümmernisse und Sorgen der Anderen sind deine eigenen. Du hast sie als die Quelle in die Welt wissentlich oder unwissentlich bewusst oder unbewusst eingebracht.

All das, was du siehst, ist deine eigene Welt, die dir zeigt, was du in Wirklichkeit selber bist – „Wie innen-so außen"!

Stell dir vor, dass du ein vollkommenes Wesen bist, ein Göttliches, ein unendlich großes, weites und starkes ein über alles hinausreichendes Wesen und genau um das geht es.

Denn nur solange du in der Lage bist, dich klein zu sehen, gelingt es dir, dich abgegrenzt zu empfinden und das bedeutet, dass du dein Ich und das Du des Anderen getrennt empfindest.

Da bist du, der/die hilfreich sein wollende und da ist der Andere, der scheinbar der Hilfe bedarf.

Es ist eine Trennung, eine Erfahrung in Gegensätzlichkeiten, wo du schonungslos erkennen solltest, dass es nur du bist, als Mensch, der die Quelle aller Gegensätze in seinem Bewusstsein erschaffen und in die äußere Welt gebracht hat!

Wo ist das Allumfassende Göttliche deines Seins in dieser Sichtweise?

Jetzt erfasse endlich deine neue Grundeinstellung:

In deinem Leben gibt es quasi nur das eine: „DICH"!

Du und nur mehr du - und das „Du" sein ist, das göttliche „Du".

Du kannst es im Prinzip mehr und mehr erkennen, wenn du dich oft beruhigt niedersetzt, in Bezug auf deinen Körper, besonders auf deine Leidenschaften im Herzen, die du beginnst zu beruhigen.

Wenn du dich so in der Stille selbst vergisst, still und rein, leer werdend, dann geschieht das geschilderte Unfassbare:

Die Leere wird dann durchleuchtet vom Schein des Himmels, deiner Intuition, sie spiegelt sich im geklärten Herzen. Dein menschliches bedürftiges Empfinden relativiert sich mehr und mehr. Dein Bewusstsein erweitert sich zu weitem Schauen. Die Gefühle werden beruhigt und intuitives Erfassen wird ermöglicht. Verstand-Herz-Intuition arbeiten mehr und mehr harmonisch im Dreiklang.

Wenn du so dich einstimmst, wirst du das Göttliche zu dir rufen. Aber in Wahrheit wird das Göttliche, da es überall ist, zu dir bzw. aus dir kommen. Wenn du dich so erkennst, wirst du wahrhaft beginnen, den Gott in dir erkennen!

Wie sprach Gott zu Moses, du erinnerst dich:

„Ich bin" der, ich für dich bin" - sprach er (als mein Ebenbild!) und meinte damit: „Sei so wie ich" - Einfach allumfassend, allseiend.

„Aber das Allseiende kümmert sich doch nicht um Kleinigkeiten auf der polaren Ebene"! - schreit dein Verstand.

Die Polarität, die Gegensätzlichkeit, war das, bis jetzt trennende, deine missverstandene Apokalypse!

Dein „AllEins-Sein" gibt dir aber automatisch das Gefühl, des Seins und die Fähigkeit, mit seiner ganzheitlichen Sicht heraus, auch zu wirken.

Das dir hier noch Fremde und noch nicht in der Praxis erprobte, ist ein Wirken im Sinne eines Tuns im alten Sinne, aber in der neuen Zeit wirkst du ähnlich dem Tun, aber weitaus effizienter. Du wirkst bzw. zauberst, ähnlich dem Tun. Dein Wirken ist etwas bewirken bzw. ver-„ur"-sachen, aus deiner Einstellung, aus deinem Bewusstsein heraus, indem du immer mehr erkennst, das eine innere Veränderung von Einstellungen, die Materie, sprich deine Situationen zwingt, sich umzugestalten!

Deine Probleme, die du nun auf deiner polaren Ebene nicht lösen konntest, löst du auf deiner Seinsebene, sprich durch die notwendige Veränderung deiner Einstellung zu dir und deinen Herausforderungen!

Warum funktioniert aber oft dein äußeres Tun in deinem Leben nicht mehr?

Dein Umfeld, das, was du sozusagen außerhalb deiner körperlichen Grenze ansiedelst, reagiert nunmehr nur auf Empfindungseinstellungen und das Wörtchen „Re" bedeutet wiederum die Göttlichkeit, ein aus dem Ursprung gekommen sein.

Mit diesem Bewusstsein deines göttlichen Ursprungs der/die du nach wie vor natürlich bist, aus diesem Bewusstsein kommt dein Agieren.

Aber wie agiert Gott? - Es gibt den zürnenden, strafenden Gott doch nicht, das weißt du!

Es gibt nur den in Liebe seienden Gott; die Allmacht seienden Gott, den für dich da seienden Gott und es geht nun darum, dass du diesen stets gegenwärtigen Gott zu erkennen und zu erfassen beginnst.

Aber wie kannst du den allseienden Gott erkennen, wenn du dich klein und getrennt empfindest?

Dann fehlt dir wiederum die Resonanzmöglichkeit!

Das heißt, um Gott zu erkennen, musst du dich über ein neues Bewusstsein in diese Dimension begeben:

„Ich Bin" liebenswert und vom Leben erwünscht.
„Ich bin der Meister meines Lebens - Ich bin die Kraft, die Stärke und -
„Ich bin ein unbegrenztes Potential seines Seins!"

Mit diesem „Ich Bin" kannst du immer das werden, wie das Göttliche dich in deiner höchsten Form gedacht und einge-„BILDET" hat.

Aber eines bist du nicht mehr:

Mensch, in seiner alten Geistesform, Mensch in deinem alten menschlichen Verständnis!

An diesem Punkt fehlen dir natürlich mehr und mehr sämtliche Erfahrungswerte, um mit deinem Mensch-Sein irgendetwas Vernünftiges noch anzufangen. Du standest wie das berühmte Vieh vorm Scheunentor. Das „Mensch-Sein" gibt keine Resonanz mehr, weil dein begrenztes Menschsein das einzig Vorstellbare für dich bisher war.

Gestatte dir doch einen ganz kleinen Blick hinter die Kulissen, wie es mit deinem Menschsein weiter aussieht. Lass die Bilder in dir in deiner Intuition sich kristallisieren. Spürst du dabei die Sackgasse, die Blockade, auf den die Welt aus ihrem „Mensch sein wollen", auch heute besonders, zurzeit mehr und mehr entgegen steuert?

Nun ja mit deinem „Mensch-Sein" wollen, sieht es oft nicht besonders gut aus. Du hast keine andere Wahl!

Natürlich, es ist auch eine Wahl, aber nicht im Sinne einer höheren göttlichen Qualität. Diese würde dir, im wörtlichen Sinne gemeint, sicherlich eine angenehmere Lebensfülle zufließen lassen, als du es mit deinem menschlichen, vom Verstand gesteuerten Bewusstsein es je erreichen könntest und gewagt hast, es dir in deinen kühnsten Träumen vorzustellen.

Dein Verstand ist hier viel zu begrenzt, um dir diese Qualität vorzustellen!

Aber wenn du auf die polare Ebene mit deinen menschlichen Wertungen und Begrenzungen blickst siehst du es nicht. Wenn du dagegen dein Auge erhebst, wirst du es genau dort sehen, das eigentlich für dich vorgesehene Leben.

Du zweifelst und bist dir nicht sicher, und dennoch ist es so!

Wieso?

Weil Gott an sich unbegrenzt ist, eben allumfassend. In ihm kann deshalb kein Mangel sein, keine Bedürftigkeit und schon gar keine Begrenztheit.

Er stellt an sich die Unbegrenztheit aller Möglichkeiten dar!

Diese kann er dir als seinem Ebenbilde jederzeit, wenn du es wünscht, allein durch eine große Kapazität des Vertrauens und Glauben an dich selbst zufließen lassen.

Es geschieht also, wenn du daran glaubst und wenn du dir selbst sicher bist und sicher kannst du dir nur dann sein, wenn du meine All-gegenwart fühlst.

Ohne dieses Fühlen, schaffst du es nicht zu glauben, schaffst du es nicht zu erkennen und damit innerlich groß, weit und unbegrenzt, für seine Fülle zu sein.

Darum lenke deine Aufmerksamkeit, all deine Bereitschaft auf seine Gegenwart. Das geschieht ganz einfach über den weiten und behut-samen Vorgang deines Atmens in der Stille. So nimmst du immer Kontakt zu seiner Gegenwart auf, da in dir dieser Atem des Großen doch immer ist!.

Denn, je mehr du bewusst atmest, desto mehr zieht es dich zur Verbin-dung mit der Seele, mit der Göttlichkeit.

Öffne dich meiner Gegenwart!

Fühle dich ein in dieses „Vertrauen können", in diese Hingabe. Mehr und mehr lernst du dann zu vertrauen. Über dein tiefes Atmen in einer Stille, kannst du dich durch dein Vertrauen prägen lassen.

Dein Atem ist immer diese tragende Energie, ist das Vertrauen. Immer wenn du atmest, so vertraust du.

Dann schlägst du eine Brücke zu dem dir unvorstellbaren All-Um-fassenden in dir, dem du vertraust. Mit jedem Atemzug der deinen Geist, die Seele, dein Gemüt und deinen Körper verbindet, erkennst du, dass du mehr und mehr in die Lage versetzt wirst, das nicht Erkennbare zu erkennen, zu spüren, zu sehen, zu fühlen.

Atme dieses Vertrauen und gehe hinein in diese energetische Empfindung, wie sich für dich über den erlebbaren Vorgang deines Atmens Vertrauen anfühlt:

„Ich Bin" erfüllt von Vertrauen".

Atem ist Leben und tiefer Atem ist tiefes Leben. Atem ist ein Geschenk meiner Göttlichkeit, das du dankbar annimmst und dir dein Leben ermöglicht. Fühle dann diese aufkeimende Verbindung zu mir, als eine „Einheit in der Zweiheit":

„Gott und nur Gott". Er atmet mich und ich in ihm!

Das ist der Weg deines Herzens, in der Energie deiner Gedanken, deiner Gefühle, deines Offenseins, deiner Akzeptanz.

Mit dieser Ausrichtung auf mich, den Weltengeist, gehst du in deine Mitte. Dann bist du offen für das, was du als Eingebung, Intuition, Führung, Gewissheit nennst. Atme und fühle Leichtigkeit, Unbeschwertheit.
Fühle deine offene Einstellung zum Leben als einen Teil deines geistigen Lebens, der voll in die Göttlichkeit integriert ist. Das bedeutet, dass es in deinem Leben, Denken und Wünschen in all deinen Sinnen als Basis nur Gott existiert, als dein wahrer Partner. Du weißt doch jetzt, dass ich, Gott alles bin ist. „Gott" ist alles, die unbegrenzte Fülle, in allem was ist.

Verstehst du nun diese unvorstellbare Qualität, vor der du beim Eintreten in deine Göttlichkeit stehst?

Deshalb geh mutig, mir vertrauend, in deine neue Zeit. Trotze den Stürmen, die dir gelten, sondern deiner Lebendigkeit dienen.

Ja, es stimmt natürlich nach wie vor! Winde und Stürme in Form von Abenteuern und Schwierigkeiten werden kommen, dir dein menschliches Fleisch, als Symbol deiner Unsicherheit, von den Knochen u blasen. Die Knochen stehen dabei für deine bedürftige menschlichgeistige Persönlichkeitsstruktur.

Also, solange dein Leben mit Ängstlichkeit und Unsicherheit behaftet ist, muss es Winde und Stürme geben, die dich von dieser Ängstlichkeit und dieser Unsicherheit befreien. Aber dies ist doch ein Vorgang der Befreiung. Es dient der Reinigung, der Klarheit, de Bewusstmachung des Weltengeistes in dir, durch Erfahrung!

Ohne diese Erfahrung, kannst du darum wohl wissen, aber du hast es nicht erlebt, geschmeckt, verdaut eigentlich nicht erkennen könnend, dass du Gott als ein „Walk IN" in eine körperlichen Erfahrung bist!

Wie willst du wirklich an dich glauben, wenn du es immer nur liest:

- Ich bin die Auferstehung und das Leben
- Ich bin das Brot des Lebens
- Ich bin der gute Hirte
- Ich bin das Licht der Welt
- Ich bin die Tür
- Ich bin der Weg, Wahrheit und das Leben
- Ich bin der wahre Weinstock

anstatt es erfahren zu können, denn:

„Viele stehen um den Brunnen herum, aber keiner ist im Brunnen...... Viele stehen vor der Türe, aber es sind die Einsamen, die das Braut-gemach betreten werden … „Wer sucht, soll weitersuchen, bis er findet. Und wenn er gefunden hat wird er bestürzt sein. Und wenn er bestürzt ist, wird er staunen, und er wird über das All herrschen."
(Thomasevangelium)

So sprach der große Geist zu mir!

In diesem Zusammenhang akzeptiert bitte jetzt auch, dass ich mit Gott reden kann, so wie ihr es auch – gemäß Jesus- könnt. Ist es nicht paradox, dass man als religiös bezeichnet wird, wenn man zu Gott betet, aber als Psychotiker, wenn Gott mit einem Menschen redet?

Schaut mal jetzt genau auf meine Abenteuer, die ich, als Baron von Münchhausen, erleben durfte und wegen denen ich als ein Lügenbaron gescholten wurde!

Aber ging es eurem bekannten Moses nicht genauso, als er seine Israeliten aus der ägyptischen Sklaverei ins „Gelobte Land" führen wollte?

Auch du stehst vielleicht jetzt, wie ich, so oft vor einer symbolischen „Meeresbarrikade"! - Hinter dir oder vor dir die Gefahr, die dich zu töten droht, vor dir vielleicht eine nicht mindere kleinere Gefahr, die dich ebenfalls auszulöschen droht!

Kein Ausweg, nur noch Angst und Verzweiflung!

Wie konnte ich sie aber so unbeschadet überstehen?

Wenn du dich besinnst dich auf dieses „ICH BIN" das Unüberwindbare, das Grenzenlose, das Licht, das alles Überwindende in dir. Deine gesamte Aufmerksamkeit soll von diesem Augenblick von diesem „Ich bin" erfasst sein: „Ich bin ein unbegrenztes Potential seines Seins"!

Nun, bist du wie ich aufgefordert im Angesicht deiner Schwierigkeiten es in dir mit Worten, sowie mit jeder Faser deines Herzens erklingen zu lassen, es zu sein - Und dieses „Ich Bin" setzt alles in Bewegung und die Welt beginnt sich wieder für dich zu drehen.

Und das Wunder in deinem Leben, jetzt beginnend, geschieht!

„ICH BIN" und die Sonne geht auf. Sie trocknet den feuchten Sand unter deinen Füßen, während sich das Wasser teilt und zurückweicht.
Viele Meter hohe Wassermauern links und rechts vor dir aufgetürmt, wie das Eis eines Gletschers, lässt das Licht der Sonne funkeln und verleiht deinem Weg hindurch, durch diese einst dir, so schrecklich erscheinende Gefahr, etwas unendlich Zauberhaftes, Wundersames und Phantastisches, für den Verstand, „Unvorstellbares"!

Es ist so überirdisch, so himmlisch und göttlich, so dass du kaum zu atmen wagst, um dieses Wunder, das dir wie ein Traum erscheint nicht zu stören. Voll Ehrfurcht bist du, Achtung und Respekt bist du und Hingabe an das Leben in deinem Herzen.

Fern liegt die Zeit, wo du meintest verzweifelt zu sein und nicht mehr weiter zu können.

Ein neues Glück bzw. Freude für einen Sinn, erfasst dich und du lässt dich hineinfallen in dieses Glück und du spürst, wie es dich trägt, das Licht deines „ICH BIN".

Du bist neu geworden am anderen Ende des Nadelöhrs, dort, wo du als das Licht, das du bist, in das Licht deines neuen Lebens eingetreten bist, um eins zu sein, mit dem was ist.

Dein begrenzter Verstand hat keine Ahnung, was das sein könnte, über das was ist, aber irgendetwas ist da und es fühlt sich gut und wunderbar an.

Natürlich wagst du nicht daran zu glauben, es könnte ja ein Irrtum sein. Natürlich zweifelst du ein wenig, obwohl du nicht zweifeln möchtest. Aber dennoch ist es da - und es bleibt, es ist keine FATA Morgana oder ein „Münchhausensyndrom"!

Es ist das Leben, das Leben als dein Licht, als ein erfahrenes „ICH BIN". Genau das ist das, was am anderen Ende des Tunnels, was über dem „Berg" der Hindernisse, auf dich wartet:

Du bist wieder in deinem Land, in dem Milch und Honig fließen!
(Vgl. AT, Moses- Exodus- Kap. 3)

Durch die Dunkelheit hindurch, durch den Berg von Widerständen schreitend, all das dir schrecklich Erschienene missachtend, ignorierend, soweit es geht, erfüllt sich dein Blick mit dem Geschenk des Allumfassenden an dich. Jede Pore deiner Haut öffnet sich, um das Geschenk des neuen Lebens und Seins anzunehmen.

Du hast wieder heimgefunden in das Paradies, den Garten Eden, in die Unbeschwertheit deines „Kind- Seins"

Siehe dazu eine Rose, als Symbol des Lebens, die erblüht, siehe den Lotus, der sich öffnet und höre wieder dein unbeschwertes Kinderlachen *(Moses bedeutet „Kind!).*

Wie sollst du nun zur Göttlichkeit finden, wenn alles so aussichtslos mir erscheint und wenn du dich nur noch kraftlos und depressiv fühlst?

Dieses „Ich Bin" wirkt wie ein Häuten einer Schlange, die sich aus der Enge ihres Gewands, ihrer ursprünglichen Gestalt, befreit.

Sie streift das Alte ab!

So bist auch du eingeladen, deine alte Persönlichkeit abzustreifen, abzulegen, loszulassen, dich total in allen Ansprüchen aufzugeben in dein prinzipielles „O – ‚Großer Geist' in mir, dein Wille geschehe"!

Du bist aufgefordert, wie die Raupe darauf zu vertrauen, dass dies eine totale „tiefe, dich transformierende Kraft" darstellt, die dein Leben verändern kann und wird.

Bereit bist du so, dich dem Allumfassenden in deiner Einstellung zu weihen, indem du jegliche Vorstellung, jedes so „Haben wollen", deine sicher geglaubte Lebenssituation hingibst. Du gibst alles hin, was du jemals über dich geglaubt hast zu sein!

„Es beginnt dich zu leben "- Und siehe:

„Eins" wirst du mit Gott, dem Licht, dem „Ich BIN" mit dem Allumfassenden in dir!

„Eins" bist du dann mit Gott –diesem Weltengeist!

Du atmest es, du fühlst es und du bist es!

Mit dieser Ausrichtung auf dieses „ICH BIN" in dir, dieser Einheit mit dieser Kraft, kommst du mit Ihm in Berührung, wirst du „Eins" mit ihm.

Das allein ist der Sinn dieser Übung!

Im Sinne des Kamels durch das Nadelöhrs, das sich seiner („Alt"~) - Lasten erst entledigen muss, bevor es „durch passt", kommt es auf die Totalität deiner Einstellung an, auf die totale Hingabe. Es darf im Prinzip nicht der Rest eines Wollens – ‚so oder so' - zurückbleiben.

Was immer auch geschieht – Es kann nicht mehr geschehen!

Man kann dir nicht mehr nehmen, was da ist. Man kann dir nur dein Leben nehmen und alles was du dir geschaffen hast, aber nicht mehr. Man kann dir nur dein Leben nehmen, in dieser speziellen jetzigen Erscheinungsform, aber nicht dein wirkliches Leben, das du als ein Gedanke Gottes geistig immer und ewig sein wirst, das du bist in deinem „SO –Sein" deines „ICH-BIN"?

Vielleicht spürst du jetzt sehr deutlich, dass dieses „Ich Bin Leben" das Allumfassende göttliche Leben ist. Es stellt eine neue Qualität deines Leben, deines So-Seins hier auf Erden in dieser Körperlichkeit dar.

Darum geht es!

Dein Leben in deiner Körperlichkeit geht weiter, aber mit einem völlig neuen Inhalt, sprich Bewusstsein. Erinnere dich in deinem Leben, wenn du so zurückdenkst:

Waren da nicht immer wieder Situationen von denen du meintest, sie niemals meistern oder bewältigen zu können?

War das nicht immer wieder der Fall, dass Dinge, die du regelrecht befürchtet hast, dann tatsächlich in dein Leben kamen und dennoch ging dann danach dein Leben weiter?

Über die Ebene der Körperlichkeit bist du natürlich dein Leid:

„Ich Bin" mein Schmerz, Kummer und Sorge, und wenn du dich   als Mensch darum „bekümmerst" bist, und bleibst du all dieses!

Die andere Ebene ist wieder der Schritt:

> *„Ich Bin" das Licht – „Ich Bin" die Wahrheit – „Ich Bin" die Stärke –*
> *„Ich Bin" die Lösung all meiner Probleme."*
> *„Er ist mein Auge –doch der Blick bin ich!"*

Dieses „Ich Bin" ist diese Energie, mit der du dein Leben eigentlich gestaltest. Diese Seinsenergie ist identisch mit Bewusstseinsenergie des Universums, die dich gedacht, manifestiert hat und dich darstellt. Es ist das Licht in dir, symbolisiert durch die Sonne als dessen Abglanz, das auf die Erde, als Symbol deines körperlichen Seins zu dir, in dein Innerstes hinein strahlt.

Denn ihr wart früher Finsternis; nun aber seid ihr Licht in dem Herrn. Lebt als Kinder des Lichts; die Frucht des Lichts ist lauter Güte und Gerechtigkeit und Wahrheit. …. Das alles aber wird offenbar, wenn's vom Licht aufgedeckt wird; denn alles, was offenbar wird, das ist Licht. (Vgl: Epheser Kap 5 ff: Das Leben im Licht)

So kannst du erkennen, dass du in deinem Bewusstsein beides bist, das materielle, wie auch das Geistige. Wenn du nun, bereit bist dieses auch empfindend zu akzeptieren, „Ich Bin" ein Kind der Erde und des Himmels.

„Ich Bin" sein Licht", kannst du den nächsten Schritt dein Bewusstsein aus dem körperlich bedürftigen Erdbewusstsein herausnehmen und dieses in dein Lichtbewusstsein hinein erheben.

> *„Ich Bin" das Licht – „Ich Bin" die Freude,*
> *„Ich Bin" liebens –„würdig"".*

Mit diesem „Ich Bin" machst du eine Aussage über dich selbst und kommst dadurch in die Lage, deine Lebenssituationen bewusst herbeizuführen und gestalten zu können.

Wenn du nun genau das einatmest, mit deinen Vorstellungen und Empfindungen, kommst du mit den entsprechenden harmonischen Lebenssituationen auch in Berührung.

Dann bist du frei geworden in deiner Entwicklung. Du wirst dich von der Raupe zum Schmetterling wandeln. Dann wirst du zum Schöpfer deines Seins.

Fühle dich einmal weit und behutsam atmend in dieses Neue ein und benütze hier in diesem Zusammenhang vielleicht öfters auch das mächtige gefühlte und gedachte Zauberwort:

„Ich Bin" dieses Unvorstellbare – „Ich Bin" dieses Neue,
dieses neue Unbekannte, Unvorstellbare
Ich bin erwünscht und es wert vom Leben beschenkt zu werden"

Fühle über deinen weiten und behutsamen Atem, wie es in dir stärker und stärker wird, wie sich dieses Neue über dein Altes erhebt, wie der Phönix aus der Asche, der Schmetterling aus dem Kokon, der Lotus aus dem Schlamm über das Wasser hinein, in das Licht erblüht. Du wirst so sehen und erfahren, dass es dir gelingen wird, über die erfüllende Energie deines Herzens das Materielle deines Lebens und deiner Körperlichkeit zu verändern. Dann beginnst du, dich Schritt für Schritt deinem wahren Sein zu nähern:

„Ich Bin" das Göttliche und sein Geistesfeuer ist in mir"

Dein Leben geht weiter, aber es geht weiter spiral und nie kreisförmig, von Situation zu Situation, von Lernaufgabenstellung zu Erfahrungen und Abenteuern auf dieser Ebene, wo du dich noch menschlich empfindest und dennoch gleich der Schlange, sich immer wieder häuten müssend!

So häutest auch du dich, von deinen alten Vorstellungen, Meinungen, Glaubensmustern und -sätzen, die dich, da fremdgeprägt, beengt und bedrängt haben, wie meine Familie und das Schöne, was ganz genau und von ganz alleine, wenn du so willst, jetzt geschieht, ist:

Dein Leben verjüngt sich - und verjüngen meint, dass deine Lebendigkeit nicht nur erhalten bleibt sondern auch in einem ganz besonderem Maße gefördert wird.

Du wirst lebendiger, lebhafter und so intensiviert sich auf diese spezielle Art und Weise dein Leben, spürst und fühlst deine eigene Lebensenergie mehr und mehr. Es ist ein Prozess der Transformation, der Veränderung einer dich so begrenzt habenden psychischen Prägungen.

Es gleicht einer Umstrukturierung, die dem, sich ständig neugebärenden Phönix aus der Asche gleicht.

Deine neue Grundeinstellung wird dieses „ICH BIN" sein, aus dem Lichte, aus Gott gekommen. In deiner tiefen Hoffnungslosigkeit, tiefen Depression atmest du weit dieses:

„Ich bin das Licht, die Kraft und die Stärke" und fühlst dadurch mehr und mehr, dieses „göttliche Wesen", das Meer, das Allumfassende in Dir auferstehen und aus dir strahlen. Du bist es jetzt, das Göttliche, das geht, das erfüllt ist.

Sieh noch einmal deinen menschlichen Standpunkt und fühle das was du schon   lange fühlst und jetzt lass dich denken und es bewusst fühlen:

Licht in mir - „Ich Bin" dein Sein! *(Vgl. NT, 1Thes 5,5 - Kor. 1.12)*

Dann erlebe, wie ganz hoch oben über dir ein Himmel sich öffnet und ein Licht erscheint, ein Lichtstrahl, dein Haupt berührt, eine Rose sich dir öffnet, im Sinne deiner Bewusstwerdung:

Dieses „ICH BIN" **ist** genauso, wie das indische gleichbedeutende Wort „OM" - ein machtvolles, starkes, schöpferisches Wort, allen Widrigkeit zum Trotz sich behauptend, niemals sich beugen müssend, Stärke aus sich zeigend, weil mit dem Göttlichen verbunden und eins.

Atme diese Kraft, deine Sicherheit, atme deine Stärke.

Ganz leicht und behutsam tust du dieses in der Stille um diese Kraft wahrnehmen zu können und zu spüren.

So erfüllst du jede einzelne Zelle deines Bewusstseins, mit der Kraft der Stille, wo das ungeheure göttliche Meer, nicht wie eine geteilte, bedrohliche Mauer, vor dir steht, dir nur einen schmalen Kanal offen lassend, sondern durch dich fließen kann, dein Leben gestaltend und führend, selbst in vermeintlich hoffnungslosen Schwierigkeiten, wie bei meinen Abenteuern.

Alle Erscheinungsbilder, auch all deine Abenteuer im Außen werden durch dich hervorgerufen und alles, was du im Außen erlebst oder meinst im Außen zu erleben, ist in Dir da!

Die Kraft dieses Seins ist die Kraft des Lebens in dir. Du bist in deinem Leben Gott – und das Göttliche gestaltest du aus dir!

Das Göttliche bist Du! - Du bist der Anfang und das Ende – „Merkaba"!

Ich bin der ist, hervorgegangen aus dem ewig Gleichen ...Wenn (der Schüler) leer ist, wird er mit Licht gefüllt werden; Wenn er aber in sich geteilt ist, wird er mit Finsternis gefüllt werden."
(Thomasevangelium).

Aber was ist, wenn du gelernt hast anzunehmen, dass du von Gottes „Ich Bin" erfüllt bist, und dass, überall wohin du blickst, Gott da ist, Göttliches ist mit dem Gefühl: „Ich bin sein Licht, seine Kraft - seine Stärke"! – Ist da noch irgendetwas an menschlicher Unsicherheit und Schwäche; braucht es dann noch Winde oder Stürme?

Genau! - Braucht es gar nicht mehr!

Das ist der Augenblick der Erkenntnis, obwohl es weiterhin Winde und Stürme geben wird, gibt es diese für dich nicht, für dich die/der du rein geworden bist, reinen Herzen eingetreten bist in sein Licht.

Öffne dich so deiner Klarheit deines Lebens, dem großen Licht aus deiner Mitte, deinem „Ich Bin" als Zeichen deines „Einverstandenseins" mit deiner Dreieinheit „Körper- Seele/Geist", in der sich deine Intuition, dein Gefühl und dein Verstand zu einem harmonischen Dreiklang verbunden haben. Es ist dann dein Sein im Licht der Bewusstheit, der Einheit allen Seins, das dein Leben harmonisch in Fluss bringen wird!

Nur dein „Ja" zu deiner Vergangenheit, dein „Ja" zu all dem was war in deinem Leben, nur dieses „Ja" öffnet dir das Tor zu einer Zukunft zu der auch du gerne „Ja" sagst.
Es geht da um dein grundsätzliches prinzipielles „Ja" - und wenn du jetzt im Sinne der abenteuerlichsten Dramaturgien in deinen emotional energetischen Seelenspiegel blickst, ist es nicht so, dass du hier noch viele „Neins" verborgen hast:
Ein „Nein" zu diesem, ein „Nein" zu jenem. Es ist ein nicht wirklich einverstanden sein können in Bezug auf viele erlebte Lebenssituationen - und genau diese „Neins" hindern dich am grundsätzlichen „Ja" sagen, zu dem, vor dir liegenden?

So ist dir nicht bewusst, dass das vor dir Liegende mit absoluter Sicherheit das Göttliche, die Allgegenwart Gottes ist.

Mutet es nicht eigenartig an, dass du, wie viele religiöse, darunter viel politische Führer, zwar in Gotteshäusern von Gott sprechen, und ihn in höchsten Tönen ehrst, fürchtest oder was auch immer?

Aber kaum kehrst du in die Realität deines Lebens zurück, ist von Göttlichkeit keine Spur mehr da. Dann bist du mehr oder minder gegen alles, was sich dir darstellt. Ist das nicht absurd?

Erkenne aber, dass dein „Ich Bin" immer identisch ist, mit dem dich Umgebenden. Du blickst immer in den Spiegel, deines eigenen göttlichen Wesens. Genauso wie du in der Lage bist dein „Ich Bin" zu sehen, zu empfinden, genauso stellt es sich dir im Außen dar und das ist ja in deinem speziellen Falle so interessant, gerade über Menschen mit ihren eigenartig oder schmerzlich sich darstellenden „feindseligen" Methoden, dir etwas zu vermitteln.

„Wie innen so außen" heißt es doch bei dem weisen Priester Hermes Trismegistos vor 3000 Jahren in Ägypten!

Real gesprochen heißt das, dass du deine Realität doch eigentlich nie ernsthaft als Spiegelfunktion in Erwägung gezogen hast. Sicherlich hörtest du oft diese Worte der Spiegelung, aber hast du es auch gefühlt, warst du dir der Konsequenzen bewusst, wenn du dir das Äußere anschaust, was es für dein Inneres bedeutet und hast du nicht immer wieder die, wenn auch noch leise Botschaft ignoriert, im Sinne:

„Trenne dich, löse dich, befreie dich?"

Lass also das Vergangene vergangen sein, um „Ja" sagen zu können zu deiner Zukunft, in der, du so befreit, erst dein Licht erkennen kannst.

Siehe Gott und nur Gott im Lichte deines Lebens:

„Großer Geist, der du bist, großes Licht.
Siehe und erblicke mein kleines Sein,
Lass mich groß sein, groß werden, so wie du es bist,
auf das auch ich in der Lage bin dich zu erkennen,
Großer Geist, großes Licht!
Erhöre mich, erfühle mich, erfasse mich.
Großer Geist, großes Licht!
Aus dir bin ich gekommen, aus deinem Sein entstanden"
So spricht der große Geist, das große Licht:
„Aus meinem Sein, bist du mein Sein.
Geheimnis des Atems, Brücke zu mir.

Atme dieses magische Gebet oft in der Stille deines Seins und empfange damit die „Einweihung", dich mit Gott, mit seiner Liebe zu verbinden. Empfange seinen Segen für alle Zeit, deine Kraft und deine Stärke aus Gott, durch Gott, mit Gott."

Nimm deine Situation, nimm dein Leben, nimm all das, was sich hier darstellt. Nimm es um es zu gestalten durch dein Sein, das sich in dir nun verändert. Du veränderst jetzt dein Sein, du lässt dein Mensch-Sein los, deine Erinnerungen, deine Schmerzen, deine Rache, deine Ängste, deine Unsicherheiten, du lässt alles los.

Du gibst dich hin! - Gott und nur Gott", es darf von dir nichts mehr da sein!

Denke an die Prophezeiungen, und die Frage die sich dir hier stellt:

Willst du hier bei diesen Prophezeiungen der Apokalypsen dabei sein, willst du Bestandteil sein, oder willst du quasi nur eine vage Erinnerung sein, dass es so etwas wie dich an diesem Platz einmal gegeben hat?

Du hast keine Präferenz, keine Eminenz mehr, du bist emotional wertend nicht mehr da ... und die Stürme werden über dich hinweg ziehen oder du wirst sie immer erfolgreich bestehen!

Die Apokalypse berührt dich nicht, weil du inzwischen klugerweise diesen Ort des Grauens, den du jeden Tag mit seinen Nachrichten erfährst, verlassen hast. Es ist wie in einem Theater, wie in einem Stück, das aufgeführt wird. Es ist nicht für dich! - Es gehört den anderen, die solches gewählt haben, um noch eine Zeit mit diesem Programm, in bewertenden und verurteilender Gegensätzlichkeit, zu verharren.

Deines ist der Himmel, das Paradies, der Garten Eden. Deine Kraft, deine Stärke, lässt all das vor deinem geistigen Auge erstehen. Und was dein geistiges Auge sieht, was es erblickt ist dein Leben.

„Gott und nur Gott! Licht und nur Licht."

Genau darum geht es, dass du deinen Focus hältst, egal, was in dieser Phase des Übergangs in weiter oder nicht so weiter Ferne möglicherweise an dich heranzubranden droht, egal was.
Du bist da eingeladen, es emotional neutral zu empfinden, dich zu stellen, aber emotional zu ignorieren, im Sinne eines Erkennens, dass es keine Bedeutung gegen dich hat.

Dies ist ganz wichtig:

Wenn du emotional nicht da bist, hat nichts diesbezüglich Bedeutung für dich, hat all das, was dich früher einmal als Mensch hätte beunruhigen können, keine Wichtigkeit mehr für dich, weil du in deiner wahren Größe und Mitte lebst, in deinem wahren allumfassenden Sein bist, wie der Geist dich „gedacht" hat! .

Somit gibt es keinerlei kleinliche unerlöste Konfrontation für dich mehr, keinen Ärger, keine Sorgen, keine Panik, kein Kümmern müssen. Es berührt dich nicht mehr, d.h. Du schaffst es distanziert und gelassen zu bleiben!

Siehe das Manifest der neuen Zeit:

„ Es werden sein zwei Welten. Diese beiden Welten werden miteinander nichts mehr gemein haben. Sie driften auseinander. Die eine steigt auf in das Licht: „Mer-Ka-Ba". (Vgl. S. 116)

Es ist ein Anfang, der ein Anfang ist, eine Seele, die in jedem Augenblick neu geboren wird, von Dimension zur Dimension, die sie durchschreitet. Es wird sein eine Welt der Klarheit. Es ist eine Welt, in der du weit, weit siehst.

Sei willkommen, der du mit klarem Herzen eingetreten bist, in den Kreis derer, die ihr Licht sind.

Was ist mit der anderen Welt? - Wo ist dein Focus?

Eben, es geht dich wiederum nichts emotional mehr an, es ist nicht mehr deines oder umgangssprachlich formuliert - „Sei nicht neidisch". Das ist ein anderes Programm. Sieh auch nicht hinter den Vorhang. Du könntest erschrecken!

Aber sei dir gewiss, es ist auch „gottvoll" - Es ist seine Liebe, seine Gegenwart. Nur, es könnte dich erschrecken und es geschieht nichts gegen den Willen des einzelnen. Du hast dein Leben, dein Licht, deine Liebe.

Die anderen haben ihr Licht oder ihre Dunkelheit, ihr Leben, ihre Liebe oder ihren Schrecken, so wie sie es eben für sich erwählt haben, und erkenne, dass oft nur die Dunkelheit im Bewusstsein, das eigene Licht besser erkennen lässt! .

So bist du nun eingeladen, all das so anzunehmen wie es ist, als ein Seiendes. Du bist eingeladen, deine Position im Licht zu festigen als ein Seiendes auszuweiten durch deine Kraft, durch deine Stärke, die du in jedem Augenblick zeigst, in freudvoll erlebten Abenteuer-reisen.
Breite deine Flügel aus Engel des Herrn, Bote deines Lichtes, Bote seiner Liebe in deinem Leben. Segne es mit der Kraft dieses Bewusst-seins, segne durch dein So-Sein!

Zu segnen bedeutet, das was Gott dir gegeben hat und das was Gott dir in jedem Augenblick geben wird, so wie du es von ihm empfängst, weiter zu geben, es einfach weiter durch dich hindurch strömen zu lassen, als ein geöffnetes, sich Gott hingebendes.

Großer Geist, großes Licht,
mein Herz ist dir in Liebe geöffnet,
Ich atme dich,
Großer Geist ich atme dich, du atmest mich.
Wir sind eins!
„Merkabah" – Ein Anfang der kein Ende hat! (Vgl. S. 116)

Angst, Panik?

Eines Tages fiel mich ein fürchterlicher Wolf an, und zwar so überraschend, dass ich nicht zum Schießen kam. Mir blieb in der Eile nichts andres übrig, als ihm die Faust in den offenen Rachen zu stoßen. Ich stieß immer weiter zu, denn was hätte ich sonst tun sollen? Schließlich hatte ich meinen Arm bis zur Schulter in dem schrecklichen Biest drin. Stirn an Stirn mit einem Wolf, dessen Maul schäumte und dessen flammende Augen vor Mordlust blitzten!

Nein, sehr wohl war mir da ganz und gar nicht! Weil ich nun keinen anderen Ausweg sah, packte ich den Wolf endlich fest bei den Eingeweiden, krempelte sein Inneres nach außen, als wäre er ein Handschuh, warf ihn beiseite, ließ ihn im Walde liegen und ging erleichtert meiner Wege.

Mit dem tollen Hund, der mich tags darauf in einem Petersburger Gässchen anfiel, hätte ich das nicht probieren mögen. Lauf, was du kannst! dachte ich und rannte, was das Zeug hielt.

Währenddessen zog ich den Überrock aus und warf ihn auf die Straße. Der Hund fiel über den Rock her, und ich rettete mich in ein Haus.
Später ließ ich dann den Rock durch meinen Bedienten holen und, nachdem er ihn geputzt und ausgebessert hatte, in den Kleiderschrank hängen. Am Nachmittag stürzte der Diener entsetzt in mein Zimmer und rief: „Herr Baron! - Der Rock ist toll!"
„Ich lief mit ihm zum Kleiderschrank. Die meisten Röcke, Hosen und Westen hatte der tollwütige Hund schon zerrissen und zerfetzt. Ich ließ mir eine Pistole bringen und konnte ihn gerade noch, als er über meine kostbarste Galauniform herfallen wollte, totschießen.

Das ist übrigens der einzige in der Medizin bekanntgewordene Fall, dass die Hundetollwut auch Kleider ansteckt.

nach: Baron Münchhausen von Gottfried August Bürger (1747 –1794)

Das Göttliche sprach zu mir in einem Traum:

„Siehe nun in einer Stille, über dein weites und behutsames Atmen, vor deinem „geistigen Bildschirm", eine Höhle entstehen. Fühle dich dann einmal ein, in die Atmosphäre, die von dieser Höhle aus-geht.
Du spürst die Neugierde, langsam um die nächste Biegung gehend, siehst du eine Gestalt vor dir stehen, mit dem Rücken vor dir, ein Schwert hoch über sich haltend.

Du ahnst es ganz intuitiv! - Es ist die Energie von Siegfried dem Drachentöter, der hoch über sich dieses riesige Schwert aus blauem Kristall schwingt.

Ganz deutlich fühlst du, dass es der Drache deiner Angst vor deinen Herausforderungen ist. Vielleicht erfasst du auch durch dein behutsames Atmen, während du dich in die Energie Siegfrieds einfühlst, dass du selber jetzt Siegfried bist.

Vor dir steht der feuerspeiende bedrohliche Drache und du bist es selber, der das kristallblaue Schwert schwingt, auf dem du jetzt deinen Namen eingraviert siehst.

Du hebst das Schwert hoch empor, schwingst es, und Glaube, Stärke und Macht erwachen in dir. Je deutlicher nun diese, deine Einstellung zu deiner Stärke, zu deinem Glauben wird, desto strahlender empfindest und siehst du dieses Schwert. Du fühlst seine Vibration, die dich durchdringt. Siehst du das blaue Feuer, das dieses Schwert umstrahlt, dich einhüllt und sich ausbreitet?

Fühle wie mit dieser symbolischen Kraft des Schwertes und der damit verbundenen Manifestation von Siegfried dein Körper leichter und lichter wird.

Spüre und genieße es, was sich aus deiner Kraft in dir darstellen will!
Das Wunderbare geschieht:

Mit jedem mutigen Schritt auf den Drachen zu, wird er kleiner und kleiner und löst sich langsam auf, wie bei diesem Old Jesus in der Begegnung mit dem „Teufel"!

Vor deinem geistigen Auge liest du nun die strahlende Inschrift auf dem Schwert, wie ich damals auf meinem Degen:

> „Ich bin stärker als jede Herausforderung!
> Ich bin die unbegrenzte Kraft, mein unbegrenzter Glaube
> durch mein Vertrauen zu mir!

Das ist meine Münchhausenübung zur Auflösung deiner Angst, die Wunder erst mit mehr eigener Freiheit geschehen lassen kann!"

Vom Mut und Vertrauen!

Mut und Vertrauen heißt, die Sicherheit aus sich heraus leben zu können.

Es beinhaltet Angstfreiheit und damit Ängste überwinden zu können.

Wenn du kein Vertrauen zu Menschen hast, erkenne ,dass du keine Selbstakzeptanz zu dir und einen Mangel an Selbstwertgefühl hast!

Alles Vertrauen wächst aus Selbstannahme und das hat nichts mit „Rechthaben" oder "Macht haben müssen" oder „Ich tue was ich will" zu tun!

Nur wenn Sicherheit in dir selbst erzeugt werden kann, kannst du auch Vertrauen zu deinem Nächsten und Mut zum Leben haben. Es ergibt sich dann eine Sorglosigkeit, d.h. eine Notwendigkeit zur ständigen energiezehrenden Kontrolle mit Druck oder Zwang bzw. ständig etwas überschauen oder „lieb" sein zu müssen!

Aber Vertrauen ist ein kostbares Gut und das schenke erst mal nicht vorschnell, auch nach einiger Zeit des Kennenlernens Es mag ja sein, dass jemand den Kummer hinter deinem Lächeln bemerkt, und die Liebe hinter deinem Zorn, und den Grund deines Schweigens, aber das heißt noch lange nicht, das dieser vertrauenswürdig ist!

Es könnte ja sein dass jemand in dein Leben tritt, der dich lehrt, dass dein beding-ungsloses Vertrauen nichts anderes ist, als die enttäuschungsanfällige Suche nach Geborgenheit, Anerkennung und Wert durch und im Anderen oder um deine bedürftige Leere zu füllen!

Der Tod lehrt Leben

Beim Sultan in Kairo stand ich in noch viel höherer Gunst als vorher. Jeden Mittag und Abend aßen wir zusammen ... Aber Mohammedaner dürfen bekanntlich keinen Wein trinken. Das bereitete mir keinen geringen Kummer, und, wie mir schien, dem Sultan selber auch.

Eines Tages gab er mir nach dem Essen einen verstohlenen Wink, ihm in ein kleines Kabinett zu folgen. Nachdem er die Tür abgeriegelt hatte, holte er aus einem Schränkchen eine Flasche hervor und sagte: „Das ist meine letzte Flasche ungarischen Tokayers... Nun, so etwas Delikates haben Sie in Ihrem ganzen Leben noch nicht getrunken!"

„Was halten Sie davon?" – „Ein gutes Weinchen", antwortete ich, „aber in Wien, bei Kaiser Karl dem Sechsten, habe ich ein noch viel besseres getrunken. Das sollten Majestät einmal versuchen! „ – „Ihr Wort in Ehren, Baron" sagt der Sultan - aber einen besseren Tokayer gibt es nicht! Ich bekam ihn seinerzeit von einem ungarischen Grafen geschenkt, und er schwor mir, es sei der beste weit und breit!"

„Was gilt die Wette?" rief ich. „In sechzig Minuten wird eine Flasche aus dem kaiserlichen Keller in Wien hier vor uns auf dem Tisch stehen, und gegen diesen Wein ist der Ihre der reinste Kratzer!"

Der Sultan drohte mir mit dem Finger. „Sie wollen mich zum Besten haben, Münchhausen! „Machen wir die Probe!" sagte ich. „Wenn ich mein Wort nicht halte, dürfen mir Kaiserliche Hoheit den Kopf abschlagen lassen! - Was setzen Sie dagegen?"

„Ich nehme Sie beim Wort", erwiderte der Sultan. „Steht die Flasche Schlag vier nicht auf diesem Tisch, kostet es Sie den Kopf.

Wenn aber Sie die Wette gewinnen, dürfen Sie aus meiner Schatzkammer so viel Gold, Silber, Perlen und Edelsteine nehmen, wie der stärkste Mann nur zu schleppen vermag!" - „Topp!" rief ich - „Das lässt sich hören!" Dann bat ich um Tinte und Feder und schrieb an die Kaiserin Maria Theresia folgenden Brief: „Ihre Majestät - Dürfte ich darum bitten, meinem Boten eine Flasche von dem besten Tokayer mitzugeben?

Denn es handelt sich um eine Wette, bei der ich nicht den Kopf verlieren möchte. .. ..Ihr sehr ergebener Münchhausen."

Das Briefchen gab ich meinem Schnellläufer. Er machte sich augenblicklich auf die Beine. Es war fünf Minuten nach drei. Der Sultan und ich tranken dann den Rest seiner Flasche aus und schauten gelegentlich nach der Wanduhr hinüber. Es wurde Viertel vier. Es wurde halb vier. Als es drei Viertel vier schlug, ohne dass sich mein Läufer blicken ließ, wurde mir allmählich schwül zumute. Der Sultan blickte bereits verstohlen auf die Glockenschnur. In kurzer Zeit würde er nach dem Henker läuten.

Ich bat um die Erlaubnis, in den Garten gehen zu dürfen. Drei Uhr und fünfundfünfzig Minuten wurde ich so nervös, dass ich nach meinem Horcher und dem Jäger schickte. Der Horcher warf sich platt auf die Erde und erklärte kurz darauf, dass der Läufer, weit weg von hier, im tiefsten Schlaf läge und schnarche! Der Schütze rannte auf eine hochgelegene Terrasse, sah durchs Gewehrvisier und rief außer sich: „Wahrhaftig, da liegt er, unter einer Eiche bei Belgrad und die Flasche mit Tokayer liegt neben ihm!" Dann zielte er und schoss in die Luft. Die Kugel traf die Eiche, unter welcher der Bursche schnarchte. Blätter, Zweige und Eicheln prasselten ihm aufs Gesicht. Er sprang auf, nahm die Flasche, raste los und langte fünf Minuten vor vier vor des Sultans Kabinett an! Mir fiel ein Stein vom Herzen.

Der Sultan probierte sofort den Tokayer und meinte: „Ich hab' die Wette verloren, Münchhausen und sagte: „Mein Freund Münchhausen darf so viel aus der Schatzkammer mitnehmen, wie der stärkste Mann forttragen kann!"...

Ich rief meinen starken Mann und eilte mit ihm in die Schatzkammer. Er schnürte mit langen Stricken ein riesiges Bündel zusammen. Was er nicht unterbrachte, war kaum der Rede wert. Daraufhin rannten wir zum Hafen, mieteten das größte Segelschiff und suchten das Weite.

Als der Sultan hörte, was für einen Streich ich ihm gespielt hatte, befahl er seinem Admiral, mit der ganzen Flotte auszulaufen und mich und das Schiff einzufangen!

Als ich die türkische Kriegsflotte mit vollen Segeln näher kommen sah, musste gestehen, dass mein Kopf von neuem zu wackeln anfing. Da sagte mein Windmacher: „Keine Bange, Exzellenz!".

Er trat auf das Hinterdeck und hielt den Kopf so, dass das rechte Nasenloch auf die türkische Flotte und das linke auf unsere Segel gerichtet war. Dann blies er so viel Wind und Sturm durch die Nase, dass die Flotte, mit zerbrochenen Masten und zerfetzten Segeln, in den Hafen zurückgejagt wurde und dass unser Schiff wie auf Flügeln dahinschoß...

nach: Gottfried A. Bürger „Die Abenteuer des Freiherrn von Münchhausen"

Vielleicht ist der Leser meiner Abenteuer ein wenig verwundert, dass ich mich so gut wie gar nicht oder angeblich leichtsinnig emotional mit dem Phänomen des drohenden Todes beschäftigt habe oder jemals große Angst davor hatte. Ich hatte ja für mich erkannt, dass man sich damit lähmt und seine Lebensenergien blockiert. Ich stand da nie in Abwehr, wie versteinert vor seiner Schwelle bzw. einem gähnenden Abgrund und weigerte mich diesen wahrzunehmen.

Vielmehr habe ich mich zuerst einmal umgedreht und meinen Ängsten ins Gesicht geschaut, bevor ich weitere Schritte unternahm oder eine bedingungslose Akzeptanz in mir erzeugt, die immer dann ein Wunder in meine todesnahen Situationen fließen ließ.

Meine Situationen waren immer die Begegnung mit der ANGST vor dem Tod.

Deshalb hatte ich mich ja vorher immer mit Totenbüchern und - ritualen beschäftigt, die mich gelehrt haben, dass der Tod in Wahrheit ein Freund ist.
Wenn du gelernt hast zu sterben, hast du auch den Mut und die Kraft, leben zu können und die vielen kleinen Tode und Abschiede des Daseins in deinem Leben auf dich zu nehmen.
 (Vgl. S. 5 - Raupengleichnis & 7, 29).

Es gab in mir dann keine ANGST mehr vor dem Tod. Viele Tode war ich dann gestorben und musste das Loslassen lernen für ein neues Leben.

Es war immer auch ein Gefühl, als sei man zum ersten Mal aus der Dunkelheit, wie in einer Neugeburt, gekommen und registrierte ganz deutlich, wie unbewusst doch die eigene Wahrnehmung bisher gewesen ist!

Wie oft durfte ich, Hieronymus, das nach überstandener Todesnähe erkennen!

Wir bedürfen also auch im Leben der Kälte des Todes, dass wir klar sehen lernen, besonders durch das Loslassen und Relativieren unserer doch dagegen kleinen menschlichen Konflikte.

Das Leben will leben und sterben, anfangen und aufhören, in vielerlei Formen. In oft blutigem Kampfe trat der Tod an mich heran, so wie heute das große Töten und Sterben die Welt erfüllt.

Die Kälte des Todes drang oft, in Angesicht zu Angesicht vor ihm stehend, in mich ein. Als ich da, oft bis zum Tode erstarrt war, da sah ich klar und konnte immer besser die kommenden Situationen meines Lebens durchblicken und angemessen handeln, ohne dass meine Schritte von Angst oder Rückzug vor meinem Leben gelenkt wurden. Jede Angst ist im Grunde genommen, eine Angst vor dem Tod - dem Ungewissen des Todes. Und das letzte Motiv hinter dieser Angst, ist die ANGST vor dem Leben, dem Ungewissen des Lebens, die eigne Lebendigkeit verhindernd.

Kein Mensch, der mutig und vertrauensvoll in sein Leben hineinzugehen vermag, fürchtet sich vor dem Sterben. Es ist nämlich die gleiche Seelenkraft, die den Mut zum Leben wie zum Sterben speist. Angst ist im Gegensatz zur Furcht immer ins Nichts, ins Unvorhersehbare und Unvorstellbare gerichtet. Furcht dagegen hat der Mensch vor etwas Konkretem, z.B. vor Schicksalsschlägen oder Verlusten jeglicher Art etc.

Mit diesen sichtbaren Formen kann er lernen umzugehen, er kann ggf. diese Situationen vermeiden, oder er durchforscht und bearbeitet sie. Angst lähmt den Menschen oder lässt ihn davonlaufen.

In derartigen Zeiten ist er ihr ausgeliefert, bestimmt sein Leben und wird von ihren beklemmenden Gefühlen gejagt, lebend, aber seine Lebendigkeit verweigernd.

Die wenigsten Menschen beschäftigen sich leider mit dem Tod. Hier im Abendland habt ihr heute dafür keine „schamanischen" Rituale mehr, mit ihm würdig umzugehen, außer zu weinen. Wir sind nicht vorbereitet, und niemand bringt uns bei, uns diesen getreuen Gefährten auch zum Freund zu machen. Ja, oft dient er uns sogar nur als Schreckgespenst.

Die Konfrontation mit dem Tod lehrt, das „richtige Leben und das Unrichtige und Unwichtige sterben zu lassen". Das ist die Kunst des Lebens. Denn zu viel Unrichtiges lebt in den Menschen und zu viel Richtiges stirbt an ihnen. Richtig ist, was Gleichgewicht erhält, unrichtig, was Gleichgewicht stört. Ist Gleichgewicht aber erreicht, dann ist unrichtig, was Gleichgewicht erhält und richtig, was es stört. Gleichgewicht ist Leben und Tod zugleich. Zur Vollendung des Lebens gehört ein Fließgleichgewicht mit dem Tode.

Wenn man den Tod annimmt, dann ergrünt der Lebensbaum zu neuem Leben, wie ein Baum, der seine Blätter verliert, um im Frühjahr neu und stärker zu erblühen, denn das Sterben steigert ein neues Leben in einen weiteren Horizont. Wie sehr bedarf unser Leben also des Todes, im Loslassen von überholten Situationen, als Lehrer!

Wenn du den Tod in dir aufnimmst, so ist es wohl wie eine Reifnacht und eine bange Vorahnung, aber es ist eine Reifnacht in einem Weinberg, der voll süßer Trauben hängt und ein Wissen vom Leben in tiefgründige Weisheit verwandelt hat. Man bedarf oft eines Todes im Leben, um wirklich Früchte ernten zu können.

Ohne den Tod wäre das Leben sinnlos, denn Langwährendes muss als beginnende Beschränkung sich selbst überflüssig machen, um Neues ins Leben hereinzulassen.

Um deine Heldenreise in der Körperlichkeit zu genießen, bedarfst du des Todes, bzw. einer Todesnähe und er bewirkt, dass du dein bewussteres Sein mit neuen Erfahrungen erfühlen kannst.

Schon in der Schule war das so: Alte Tafelaufschriften wurden gelöscht, wenn Neues geschrieben werden soll!

Staub zu Staub im Tode, Asche zu Asche und alte Kreideschrift gelöscht, an der Tafel des Lebens, zugunsten des Neuen, das sich dadurch ungehinderter, als oder in einem neuen Gemälde, durch dich entfalten kann.

Es ist ein Loslassen um endlich ein Schmetterling zu werden. So mussten auch Schneewittchen und Aschenputtel alte Muster loslassen, um in ein neues leichteres Leben gehen zu können. Sie gaben ihrer Seele, in ihrer Art „töd"-licher Selbsttherapie" die Einwilligung in ein neues Leben schwingen zu dürfen bzw. über den gewaltigen Schöpfungsakt des Todes in eine neue Form gehen zu dürfen!

Der Tod ist im Prinzip, wie geschildert, dieser machtvolle Schöpfungsakt, die das bestehende psychische energetische Muster der Körperlichkeit auflöst und sich in der Geburt neu formiert.

Das ägyptische Totenbuch beschreibt dies sehr anrührend, wenn sich der Mensch den Urbildern in sich, mit ihren antreibenden Kräften, wieder öffnet, dann würde er wieder zu einer tiefen Wahrnehmung der Schöpfung Gottes und Ihrer selbst finden.

...Dein Tod war wieder die Verwandlung, die Himmelfahrt, die Entrückung zu den Sternen, in das Licht, aus dem du einst hervorgingst und wieder auferstehen wirst....

Und du hörtest dein Gebet:

„Du leuchtest in meiner Seele, wie die Sonne auf dem Golde. Herr, wenn ich in dir ruhen darf, ist meine Wonne überreich. Du kleidest Dich mit meiner Seele, bist selber auch ihr nächstes Kleid. Dass dem ein Scheiden sollte sein, ist mehr als eine Herzenspein."

Golden erschien dir wieder das Wesen des „Ba" Vogels, in dem sich das Strahlen der Sonne kristallisiert.

Deine Körperlichkeit die du verlassen hattest, war nur ein Lichtfunke in gefrorener Form, der im Tode der Körperlichkeit wieder verdunstet, um seiner göttlichen Wirklichkeit folgend, sich freisetzt zum Himmel, als ein Stern in der Nacht.

Es war eine Rückkehr in diesen Tanz verbundener Lichter, in die Glutenergie, die nur das Ewige, das keinen Anfang und kein Ende kennt- „Mer-Ka-Ba". (Vgl. S.116)

So war deine Seele wie ein Strahl der Sonne, die im Tode im Bilde des „BA" Vogels zurückkehrt. Und du wusstest tief in dir, dass dieses Sterben die Voraussetzung war, für die Vision der Wiedergeburt im Augenblick des Todes, der Lebenserneuerung im Schoße der Himmelsgöttin „ISIS", deine Verjüngung deines Geistes in neuer Form, Gestalt und Ausdruck.

Die Lebensleiden, auch durch Angst und Tod erlitten, die Lebensfreuden und Abenteuer gelebt, ist Erfüllung, erhalten auf deinem geheimnisvollen Lebenspfad von Geduld, Hoffnung, Glauben und Vertrauen, mit der Gewissheit, dass das große Orchester des Lebensnetzes ohne dich um sehr viel ärmer wäre.

Erkenne so deinen Weg der Heldenreise als deinen spiralförmigen Sinnwegweiser und nie als Fundament.

Lasse das Wagnis der Erfahrung zu, und der Lohn wird Selbsterkenntnis, verdautes Wissen, ja wirkliche Weisheit sein.

 Lass' dich ein Mensch, bei deinem spiralförmigen Wachstum hinein, in die abenteuerliche Entwicklung zum „Großen Menschen in dir, mit der wachenden „ER"kenntnis deiner Göttlichkeit!

„Sehnsüchtig grüßt der „Ich bin", den, der ich sein könnte!
(Dostojewski)

Der Ritt auf der Kanonenkugel

Im gleichen Feldzug belagerten wir eine Stadt - ich habe vor lauter Belagerungen vergessen, welche Stadt es war, und Marschall Münnich hätte gerne gewusst, wie es in der Festung stünde. Aber es war unmöglich, durch all die Vorposten, Gräben und spanischen Reiter hineinzugelangen.

Vor lauter Mut und Diensteifer, und eigentlich etwas voreilig, stellte ich mich neben eine unserer größten Kanonen, die in die Stadt hineinschoss, und als sie wieder abgefeuert wurde, sprang ich im Hui auf die aus dem Rohr heraus zischende Kugel!

Ich wollte mitsamt der Kugel in die Festung hineinfliegen! Während des sausenden Flugs wuchsen allerdings meine Bedenken. Hinein kommst du leicht, dachte ich, aber wie kommst du wieder heraus? Man wird dich in deiner Uniform als Feind erkennen und an den nächsten Galgen hängen!

Diese Überlegungen machten mir sehr zu schaffen. Und als eine türkische Kanonenkugel, die auf unser Feldlager gemünzt, war, an mir vorüberflog, schwang ich mich auf sie hinüber und kam, wenn auch unverrichteter Sache, so doch gesund und munter wieder bei meinen Husaren an.

aus: Baron Münchhausen von Gottfried August Bürger (1747 –1794)

Wenn jemand sagt, "ich will" einen Stein mit meiner Vorstellungskraft bewegen oder auf einer Kanonenkugel reiten, bzw. über einen See, wie Jesus gehen, wird das nicht gelingen.

Einem Wassertropfen im geistigen Ozean wird das nicht gelingen!

Wenn du aber dahin kommst dich als das Meer empfinden zu lernen, dann käm's hin!

Das eine ist das "TUN" - Das andere ist die „Gestaltung" aus dem Bewusstsein!

Es geht darum, fähig zu sein, tief in dir zu spüren:

„ICH BIN" auch der Ozean! –Er ist doch „eingeboren" in mir!

Wenn du dies anerkennst, dass dieses „ICH BIN" die Grundlage deiner Wunscherfüllung, quasi der Schöpfungscode deines „Seins" ist, dann formt sich durch diese wahre intensive Einstellung zu deinen Wünschen und Ideen die äußere Realität. Dadurch kannst du dich auch als ein göttliches Wesen empfinden, das vorwiegend außerhalb der begrenzten materiellen Eingebundenheit „in Zeit und Raum" existiert.

Um dorthin zu kommen, bist du aufgefordert, dich erneut damit zu beschäftigen, wie wertig du dich selbst empfinden kannst.

Wie wertig empfindest du dich selbst?

Gelingt es dir mehr und mehr, dich als ein Teil eines großen Ganzen zu empfinden sondern darin "eingebettet" und dazu bedarf es einer hohen emotionalen Glaubensladung, so wie der berühmte Wassertropfen im Ozean, der sich nie als "Teil" empfindet, sondern verbunden und eingebettet in ihn! .

Alles ist in allem enthalten!

Der Mensch ist ähnlich einem Wassertropfen!

 Ein Wassertropfen mag bisweilen schon wissen, dass er in dem Meer ist, aber selten weiß er, dass das Meer auch in ihm ist!

Der Wassertropfen als solcher betrachtet, vermag so gut wie gar nichts. Er ist mehr der viel gerühmte oder sollte man besser sagen „Tropfen auf dem heißen Stein", also ohne ersichtliche Wirkung.

Aber der Ozean auf dem heißen Stein vermag sehr wohl eine Wirkung zu erzielen. Es bedarf nicht einmal des ganzen Ozeans.

Es bedarf nur einiger Schritte vom Wassertropfen in Richtung des Ozeans. Das ist es, was von dir gefordert wird, durch die Unerquicklichkeit einzelner Situationen deines Lebens, nämlich einzelne Schritte in Richtung Ozean zu tun, hochgeschätzter Wassertropfen.

Also, so, wie nun Jesus über den See gehen konnte, schaffte auch ich es nach längerem Einfühlen in den großen göttlichen Ozean, auf der Kanonenkugel zu reiten:

WUNDER

Ein Wunder ist die Antwort des Großen Geistes auf Ausweglosigkeiten und Schwierigkeiten deines Lebens, in dem du die Übersicht verloren hast, und wenn du dann nicht mehr weiter weißt und du zum Loslassen deiner nicht mehr funktionierenden krampfhaften und begrenzten Vorstellungen über dein Leben gezwungen bist. Erst dann wird es ihm erst möglich, deine akzeptierte! Leere in dir durch Neues zu erfüllen, denn aus Liebe zu dir, respektiert er natürlich auch dein „Nicht wollen", da du ja sein „Ebenbild" bist!!

Erst die Hingabe, unter Aufgabe des verkrampften Wollens mit seinen begrenzten Glaubensvorstellungen lässt diesen psychischen Kräften aus dem Unbewussten Raum, sich als Wunder aus den unvorstellbaren Möglichkeiten von oft ausweglosen oder knirschenden Lebenssituationen entfalten können. Ganz einfach formuliert, musst du da vielleicht einmal von dir selbst zurücktreten und nur beobachten. Reiche deinem Verstand dabei öfters eine beobachtende Funktion zu, und du wirst überrascht sein, welche Wunder in dein Leben treten können.

Die Stille und Offenheit ist die Schwangerschaft des Allumfassenden Bewusstseins in Dir, die dich dafür öffnet, sowie eine Mutter, beim Gebären, sich für das Wunder ihres, zur Geburt drängenden Kindes weit öffnen muss.

Wenn du so diese grundsätzliche Bereitschaft aufbringst, wirklich wundervolle Dinge der Erfüllung, des Unvorstellbaren, in dein Leben einfließen zu lassen, dann geschehen sie einfach.

Ein Wunder ist dann das, was außerhalb den vorstellbaren Möglichkeiten deines Denkens und Glaubens liegt und das ist hier der Punkt:

Lass Wunder geschehen, aber Wunder geschehen lassen, kannst du nur dann, wenn du die Begrenzungen deiner Vorstellungen bzw. „Nicht-Vorstellungen" bereit bist, loszulassen.

Es gilt, dich einfach nur im Vertrauen diesem Allumfassenden in dir zu öffnen. Dann wirst du wirklich zu einer Schale, zu einer nach oben offenen Mondsichel, die dann mit dem Licht seiner Weisheit sprich Wunder erfüllt werden kann.

Langsam dämmerte es da in mir:

Der Mensch ist ähnlich einem Wassertropfen!

 Ein Wassertropfen mag bisweilen schon wissen, dass er in dem Meer ist, aber selten weiß er, dass das Meer in ihm ist!

Der Wassertropfen als solcher betrachtet, vermag so gut wie gar nichts.

Er ist mehr der viel gerühmte oder sollte man besser sagen „Tropfen auf dem heißen Stein", also ohne ersichtliche Wirkung.

Aber der Ozean auf dem heißen Stein vermag sehr wohl eine Wirkung zu erzielen. Es bedarf nicht einmal des ganzen Ozeans. Es bedarf nur einiger Schritte vom Wassertropfen in Richtung des Ozeans. Das ist es, was von dir gefordert wird, durch die Unerquicklichkeit einzelner Situationen deines Lebens, nämlich einzelne Schritte in Richtung Ozean zu tun, hochgeschätzter und überaus geliebter Wassertropfen! Empfinde die Weite des Meeres wieder in dir – Lasse sie wieder zu, und wenn du sie zulässt, dann lässt du Gott zu!

Wenn du Gott zulässt, werden Wunder geschehen, Unbegrenztes, Unvorstellbares, auch eben in meiner haarsträubenden Abenteuer in meiner Gestalt des Hieronymus Freiherr von Münchhausen. Die Allgegenwart des Göttlichen umgibt dich doch an sich immer, da nichts außerhalb dieser existieren kann!

Aber Gott, als der Ozean des Geistes, umgibt dich, ist in dir eingebettet und du in ihr! - Dieses unbegrenzte „Meer" mit der Erfüllung deiner wirklichen Wünsche ist in dir. So war auch seine Liebe immer bei dir, da Du ein Ausdruck von Ihm bist - dass Du selbst es bist, das du die ganze Zeit suchtest.

Mit deinem begrenzten "Ich will" bleibst du aber immer ein Wassertropfen, der das "Mehr" aus Bedürftigkeit nur in materiellen Erscheinungsformen sucht, anstatt das „Meer" – das Göttliche, das Unbegrenzte!

Wie wäre es also sich wieder zum Opfer des „Unbegrenzten", sprich Gott in Dir zu machen?

Denn was kann aus einem Unbegrenzten als sein Opfer nur kommen:

„Unbegrenztes" - Da kannst du nie scheitern, je bewusster du es in dir fühlen und zulassen kannst!

Das "Meer", das Unbegrenzte, kannst du aber nur finden, wenn du erkennst:

"Dein Wille sei meiner" oder: „Ich lasse Seine Realität durch mich fließen und gestalte sie!" - Ich bin dein Diener und gebe dir alles, was du brauchst aus der Kraft deiner Überzeugung und Glaubens!"

Genau das, hat der „Große Alte" doch versucht, dem alten Moses vor tausenden Jahren schon, vor dem brennenden Dornbusch, klarzumachen!

Das Göttliche in deiner Seele ist immer „nur" die „Kopiermaschine" für die emotionalen Kräfte der innersten Glaubensüberzeugungen über sich selbst, ist also weder „Gut" noch „Böse".

Das hat doch euer Jesaia in der Bibel schon erkannt:

„Ich bin" dein Licht und deine Finsternis: "Ich mache das Licht und schaffe die Finsternis; ich gebe Frieden und schaffe Unheil." (Jesaja-45,7) Genau das hat dieses Göttliche doch damals auch schon versucht, diesem Moses, als brennender Dornbusch, klarzumachen, mit seinem Statement:

"Ich bin, der Ich bin." - "Ich bin der, der ich für Euch da sein werde."

Alles hat also eine geistige Ursache in dir. Alles, was du in deiner Welt beobachtest und erfährst, ist deine eigene geistige Schöpfung.
Du selbst bist Ursache und Wirkung und niemand anders, außerhalb von dir. Alles was du erfährst, hast du irgendwann einmal verursacht und in dein Leben gerufen, so unverständlich es im ersten Moment er-scheint. Du selber bist Sinn und deine äußere Situation ist un-trennbar mit dir verbunden.

Euer bekannter Hermann Hesse hat es doch wunderbar zusammen-gefasst:

„Der wirkliche Umgang des Menschen in Gott hat an der Welt nicht bloß seinen Ort (z.B. die Kirche), sondern auch den Gegenstand, deine Situationen im Alltag. Gott redet zu dir, zum Menschen in den Dingen und Personen und alltäglichen Situationen, die er dir immer liebevoll ins Leben schickt, damit du dich daran erkennst. Der Mensch antwortet mit seinen Handlungen und Entscheidungen eben an diesen Wesen und Dingen, um zu lernen mit seinem Leben, mit seinem ganz persönlichen Leben sich selber mit Gott zu verbinden, wenn er diese Botschaften lernt richtig zu lesen."

Du bist also niemals getrennt von dem, was du erfährst.
Du selbst bist Beobachter und Beobachtetes!

Das, was du für deine Wirklichkeit hältst, ist dein persönliches Münchhausenmärchen, dein selbst erschaffenes Wunder und dein Glaube an dich, ist die einzige Voraussetzung, derer es bedarf, um dein Leben zu meistern.

Wenn Du dich veränderst, verändert sich deine Welt!

Ist das nicht das größte aller Wunder?

Hier kommt es ganz entscheidend auf dieses „Ich Bin" in deinem Inneren an.

Was ist man in Bezug bzw. welches „Ich bin" auf sich selbst?

Das ist entscheidend und nicht, was kann und „muss" mir das Leben geben, damit ich glücklich bin. Mitnichten! - Glück ist nämlich eine absichtliche Schöpfung aus deinen Vorstellungen!

Das Wort "Glück" kommt ursprünglich aus dem 12. Jahrhundert mittelniederdeutsch "Gelucke = Glocke und drückt lediglich aus, dass eine passende Glocke, sprich Deckel für einen Vorratstopf vorhanden ist. Es hat sich dann auch eingebürgert, dass es übertragen dann heißt: Glücken - günstiger Ausgang einer Situation - Es passt! – mehr nicht, auch nicht als Dauerzustand, den man trainieren oder erhoffen kann!

Auch das, was du dir als Glück oft erträumst steht meist in krassestem Widerspruch, was dein Selbst für dich als „Glück" bzw. Lebenserfüllung mit seinen Themen ansieht! – Wie paradox das ist, zeigen schon ein Kinderwünsche und –träume, die sich bis ins Erwachsenenalter „x-mal" ändern. Außerdem ist das, was du als Glück oft suchst nicht das, was deine Seele für dich als solches wählen und gestalten will!

Also! - Schon der Glaube daran, dass du irgendwann ein „glückliches Leben" führen kannst, ist verheerend, denn wenn du Glück suchst wirst du es nicht finden, da du dir ständig sagst: "Ich bin unglücklich"!

Da ist eigentlich Hoffnung und Suchen immer kontraproduktiv, zumal das, was du für Glück hältst dein größtes Unglück sein oder werden könnte, denn egal was du dir im Wirtschaftsleben da an-siehst, all die angebotenen Dinge dienen dazu, dass jemand sich zumindest einen Augenblick lang glücklich fühlt, bedingt dadurch, dass er sich etwas geleistet, geschafft hat, für sein Leben in Besitz genommen hat.

Nun gilt es aber bei all dem zu erkennen, dass alle sich materiell darstellende Dinge und Situation bzw. Personen im Grunde auf Dauer nicht zu besitzen oder zu halten sind, da jede Form der Veränderung unterliegt. Nichts materiell Manifestiertes, keine menschliche Bindung ist in der Form auf Dauer festzuhalten. Selbst ein Diamant verändert sich, in ganz großen Zeiträumen betrachtet. Also gibt es nichts als Glücksvorstellung festzuhalten. Es gibt nichts, was festhaltenswert wäre. Denn egal was du erreicht hast, so gibt es noch ein lohnenswerteres, Schöneres, etwas Erfüllteres.

Alles, was du dir wünschst oder somit erhoffst, hat immer das Ziel in einen Seinszustand zu kommen, sei es Sicherheit, Zufriedenheit, Glück, Wohlbefinden, Vertrauen, Geborgen- „Sein".

Es ist immer letztendlich ein materieller Wert, den du hinter den materiellen Erscheinungen suchst. Immer möchtest du aber durch „Tun" in dieses Sein kommen. Um dorthin aber ohne Krampf zu kommen lautet eigentlich der einsichtige Vorschlag:

„Erschaffe durch dein Sein"! .d.h. Erzeuge die gewünschte Qualität, also die Essenz deines Wunsches in dir! – Denn erst das Tun, aus diesem Seinszustand heraus, ermöglicht dir dann lockerst zu erfahren, was du durch den Wunsch und das damit verbundene krampfhafte Tun erzwingen wolltest.

Also, meistens bist du unglücklich, bist du es bekommst, hast du es dann irgendwie, dann bist du wieder zusehends unzufrieden, weil du es vielleicht wieder verlieren könntest oder sein „Mana"- Gefühl mit der Zeit verliert, es also langweilig wird.

Dann wirst du wieder und wieder, auf der Suche nach etwas sein, das dich wieder oder vermeintlich endgültig glücklich machen könnte!

Gib doch diese ständig enttäuschende Suche auf und suche lieber die eigene innere Klarheit in dir, die deine, dich beherrschenden Bedürftigkeiten und Blockaden, die suchen lassen, erlöst. Glück kannst du nur in dir finden, in jedem Augenblick und da er zeitlos ist, ist er frei von jeder Bedürftigkeit und Suche über begrenzte körperliche Sinnesorgane, mit ihren wechselnden Bedürfnissen!

Aber: *„There is no way to happiness - Happiness is the way!"* – das heisst: Nicht! – In welcher Arbeit fühle ich mich wohl, oder selbständiger sondern ich erzeuge "Wohlbefinden" und gewünschte Freiheit und Weite in mir selbst, um dann z.B. mit einer emotional erfüllenden Arbeit in Kontakt zu kommen- oder lade das Allumfassende doch final gleich ein:

> „Allumfassendes! - Sei doch du die Erfüllung meiner Wünsche!"

Wichtig wäre aber immer eine aufbauende, gefühlsmäßige Einstellung zu seinem inneren Selbst, dem Gottes Funken in dir. Die Emotionen, sprich deine gewählten körperlichen Empfindung-muster, spielen eine bedeutende Rolle bei dem, was sich manifestiert oder nicht. Wenn man die, mit entsprechenden Emotionen beladenen Gedanken, als Samen betrachtet und das Umfeld als Erde, müssen deine aufbauend motivierte Samen in fruchtbare Erde, d.h. grundsätzlich in die Bereitschaft, zum Wirken wollen, zum sinnvollen Tun motiviert sein, gesät werden, damit sie wachsen und gedeihen kannst.

Begreifst du nun dieses Gleichnis: *„(Das Himmelreich) .. Es gleicht einem Senfsamen, der kleiner ist als alle Samen. Wenn er aber auf einen bearbeiteten Acker fällt bringt er eine große Pflanze hervor und wird zur Zuflucht für die Vögel des Himmels."*? *(Thomasevangelium)*

Dieses Prinzip der Geistes-„Halt"-ung: „Alles hat eine geistige Ursache", hebt die Wichtigkeit dieses Bewusstseinszustands für deinen Erfolg hervor.

Beachte, dass man das Wort „Einstellung" immer durch das Wort „Bewusst-Seins- oder Geisteszustand" ersetzen kann. Eine Einstellung ist oft keine eindeutige geistige Ausrichtung von Dem Menschen und setzt sich aus einer Mischung meiner Gedanken, Überzeugungen und gegensätzlichen Emotionen (Gefühlen) von körperlich - orientierten Erinnerungsempfindungen zusammen, die man „Gemüt" oder Gewissen nennt.

„Wunder" oder „glückliche Fügungen"!

genannt, sind sinnstiftende und zielführende Schöpfungsakte, geordnete sinnvolle Zufälligkeiten deines Selbstes/Seele in der Zeit, am richtigen Ort, zur richtigen Zeit. Sie eröffnen etwas nicht Dagewesenes in Bezug auf Situationen, Personen, im rechten Augenblick - auch „Fügung" genannt!
Das erfordert aber immer durch einen Akt der Geduld mit Offenheit, die richtige Zeitqualität zulassen zu können und niemals im Affekt oder in Gefühlsstürmen!
Sie vermitteln dann hilfreiche Hinweise zur Erweiterung des eigenen Rollen- und Selbstverständnisses, Handlungsspielräume und Perspektiven als Wegweiser! Es erfordert auch die Bereitschaft, gerade das Irrationale, dem begrenzten Verstand nicht Zugängliche zuzulassen!
Sie versuchen Ordnung und Sinnhaftigkeit in dein Leben zu bringen und führen zu deiner einmaligen Gestaltung und Sinnhaftigkeit deines eigenen Weges! - vornehmlich auch innere Ordnung herstellend!

Wunder bzw. Zufälligkeiten können aber trotz Offenheit nur geschehen, wenn psychisch unbewusste Inhalte ins Bewusstsein treten wollen, wo die Seele durch Selbsterkenntnis das Ego über seine „Ich" –Befangenheit als Entwicklungsschritt hinausführen möchte, wenn es zugelassen wird!
Wenn diese psychischen Inhalte die Bewusstseinsschwelle überschreiten, bzw. bewusst werden, werden keine oder weitere Wunder bzw. weiterführende Zufälligkeiten in den betreffenden Lebensabschnitt mehr ins Leben treten. Da hilft auch kein Gebet oder Geduld oder Wünschen. Im Tagesbewusstsein ist alles vorhanden um das Leben als Hereinforderung des Alltages zu gestalten bzw. freie Entscheidungen im Tagesbewusstsein zu treffen. Das dir oft Unbewusste in deine Seele und das dir Bewusste arbeiten immer ergänzend zusammen! Das heißt aber nicht, dass das Unbewusste stille hält – Es arbeitet oft unbemerkt vom Ego und lässt seine Informationsverdichtungen bzw. Botschaften aus dem Inneren oder dem Äußeren zum richtigen Zeitpunkt ins Leben treten!

Der Hemmschuh des Gewissens!

Wo ihr nun auch meine Abenteuer gelesen habt, fällt euch sicherlich auch auf, dass ich mir niemals eine Gewissens- und Schuldfrage gestellt habe!

Natürlich machen wir uns alle aus "Gewissensgründen" oft gefühlsmäßig empfundene Vorwürfe bzw. können uns nicht verzeihen! - tragen belastende Schuldgefühle über bzw. oder durch Elternprägungen. Aber allein mal die folgende Betrachtung lässt uns damit vielleicht besser umgehen und davon distanzieren, besonders von dem was in uns eingeprägt wurde, als wir uns dessen im Mutterleib noch gar nicht bewusst gewesen sind! und es wird klar:

"Das, was ich da fühle, bin ich eigentlich gar nicht" (mehr!)

Was heißt nun Gewissen? - Du bist eingeladen gewissenlos zu sein!

Wie interpretierst du dies Gewissen bzw. das Wort „Gewissenlos"?

Als Verantwortung? - „Habe ein Gewissen und ich habe ja die Verantwortung dafür und bin nicht gewissenlos, weil ich ja nicht verantwortungslos bin und so weiter und ich erziehe ja gewissensvoll und verantwortungsbewusst meine Kinder?"

Ein Gewissen zu haben, mit seinen Fremd/Schuld und Verzeihensprägungen, ist aber üble Selbstkasteiung, eine „Abtreibung" von dir selbst – eine Trennung von der objektiven Schöpferkraft deiner Seele!

Sollen jetzt alle Menschen gewissenlos werden und ein totales Chaos entstehen?

Holla! - Missverständnis! - Die Verantwortung, die du meinst in gewissen Situationen deines Lebens gehabt zu haben, kommt doch aus deiner Vorstellung und diese Vorstellung kommt aus dem, was du gelehrt worden bist.

Gewissen bedeutet immer Einschränkung, Vorschriften, das dir begrenzende Vorstellbare, als künstliche Grenzen deines Menschseins und damit die Voraussetzung für Minderwertigkeiten, Angst und Unsicherheit. Krankheit entsteht oft auch aus deinem schlechten Gewissen und den damit verbunden Schuldgefühlen.

Ein gutes Gewissen gibt es also nur ohne Gewissen!

Dies bedeutet kein Gewissen als Mensch mehr zu haben, sondern als Mensch zu „wissen", im Sinne der Erkenntnis der Weisheit deiner Göttlichkeit in dir. Gott braucht ja auch kein Gewissen, weil er Liebe ist, die dich aus deinen Situationen heraus, auch mit schmerzlichen Situationen oder Krankheiten auffordert, zu erkennen, was deine Lebensaufgabe, dein Sinn ist, im Hier und Jetzt.

Habe also kein Menschliches Gewissen!

Weißt du, auf der anderen Seite des Gewissens warten vielleicht wundervolle Dinge noch auf dich, die in deinem Leben möglich sind und welche Perspektiven sich dir eröffnen, wenn du ohne begrenzendes Gewissen bist. Jedes göttliche Bewusstsein sich im anderen göttlichen Bewusstsein erkennend, respektiert das andere, als ein göttliches Bewusstsein.

Braucht`s da ein Gewissen?

Das heißt, das einzig Richtige ist "Respekt"!

Wenn du deinem Nächsten und dir mit notwendigem Respekt begegnest, mit Bewunderung seiner Göttlichkeit, mit diesem Respekt, ehrst du im Anderen das Göttliche, aber nicht durch Schuldgefühle oder „Verzeihen" bzw. demutsvolle selbstkasteiende Sünderhaltung.

Hast du nicht deiner Mutter Schmerz zugefügt bei der Schwangerschaft, deinem Vorgang der Geburt und warst du da eher gewissenlos, hast es einfach geschehen lassen, einfach akzeptiert?

Dann hast du geschrien: *„Ich will mein Recht - Wo ist die Wärme, wo ist die Geborgenheit, wo ist die Versorgung"*…?
Du hast geschrien und gebrüllt, und hast darauf bestanden, auch in stinkenden Windeln versorgt zu werden. Hattest du da ein Gewissen, ob jemand überfordert war, müde war? Es hat dich nicht interessiert. Es ging um dich und um dein Überleben und das Überleben wiederum, war die Freude deiner Eltern. Aber eigentlich warst du gewissenlos, rücksichtslos.

Du wurdest respektiert! - Sei also auch du wieder grundsätzlich in heiligem Respekt und Bewunderung für dich, welch großartiges gewissenloses Wesen du doch bist.

Auf der menschlichen Ebene darfst du also Grenzen ziehen um deine Göttlichkeit zu respektieren. Aber jetzt natürlich ist die Frage, wo Verantwortung wahrnehmen oder wann Grenzen bzw. wo keine ziehen?

Du erkennst es daran, wie dein Leben, deine Körperlichkeit funktioniert, du in Handlungsmöglichkeiten schwelgen kannst oder ohnmächtig in der Ecke kauerst mit einem Gewissen voller Schuld und Ängste - oder gelingt es dir, deine Spielräume, dein Leben in Fluss zu bringen, durch das in Anspruch nehmen von deiner göttlichen gewissenlosen Macht, die dir erst wieder Spielräume eröffnet.

Der Druck der anderen mit ihren ebenfalls begrenzten Programmen ist ja nur ein göttliches Spiel, das dir bewusst machen soll, in welchem engen Hühnerstall du oft sitzt, oder du andere in einen Machtkäfig deiner Bedürftigkeiten und Zwänge einsperren willst!

Durch einseitiges Geben aus Gewissensgründen oder mit „Verantwortungsvoll sein, wird der andere dir dies nie erfüllen. Dein Glas Wasser ist leer und du kannst dann den anderen daraus nicht trinken lassen, in der Hoffnung, er befreit dich wenn du dich in Schuld und verzeihen wälzt oder gar das Wasser durch Machtmissbrauch oder Krankheitsgewinn bei anderen zu holen beabsichtigst!

Geh du erst wieder zurück zur Quelle, zur Wasserleitung, dem Urvertrauen in die Göttlichkeit, lass dich füllen, mit Vertrauen und innerem Halt und dein Leben erfüllt sich dann. Dann kannst du der totalen Hingabe deines göttlichen Seins dienen. Du dienst dir und dein Leben läuft wieder - ohne Schuld und Verzeihensgewissensbisse!

Eine eindeutige Bestellung durch Selbsterkenntnis an das eigene allumfassende persönlich-göttliche Großversandhaus, ist aber die Voraussetzung für eine schnelle und klare Lieferung. Dein Tagesbewusstsein kann so etwas anderes wollen, als deine Gefühlslage im ungeklärten Herzen, mit seinem Gewissen, sowie seinen „Mördergruben" manifestieren möchte. Dein Verhalten wiederum spiegelt dann alle Eigenschaften deiner zersplitterten Einstellungen wider.

Warum? - Weil das, was als des Menschen Einstellung bezeichnet wird, immer eine schöpferische Kraft ist, die hinter den Handlungen und Schöpfungen antreibend steht.

Die „Kräfte der Seele sind, wie, schon geschildert aufgeladene erregte Batterien. Du trägst diese enorme Energie zu dem schöpferischen Vorgang bei, bei dem gefühlsbeladenen Gedanken und Ideen in konkrete Formen transformiert werden. Deine Gefühlsenergien und Empfindungseinstellungen deines Inneren sind deine Freunde, wenn dich dein schöpferisches Denken konstruktiv begleitet und unterstützt.

Sie sind auch deine Feinde und wirken selbstzerstörerisch bzw. zersetzend, also „Böse" wenn du sie energetisch betrachtet, mit Bedürftigkeit auflädst und mit dir das, sich durch dich klar manifestieren möchte, andauernd in Konflikt stehen.
Wenn man versucht, im Leben eine Veränderung herbeizuführen oder ein Ziel zu erreichen, wird der Mensch also mehr oder weniger negative, destruktive Gefühlsladungen ausmerzen müssen, auch wenn diese Gefühle nichts mit dem vorgestellten Ziel oder Bedürfnis zu tun haben.

Vielleicht versucht man den Beruf zu wechseln und denkt darüber recht positiv. Aber, wenn du zur gleichen Zeit voll Zorn und Groll wegen beispielsweise einer gescheiterten Beziehung bist oder eine sehr geringe Wertigkeit.

Ein nicht „gut genug" sich fühlen, trägt aber dazu bei, dass neue gedankliche Samen bzw. Inspirationen in dieser negativen emotionalen Atmosphäre nicht keimen können.

Der Mensch setzt sich und sein Leben einem andauernden emotional-gedanklichen Störfeuer aus. So gesehen, liegt auch die schon geschilderte Lösung des „Thomasparadoxons" (*Vgl. Joh. 20 -24*) auf der Hand, der ja Jesus durch die „Wand gehen sah:

„Nicht! - „Ich glaube, was ich sehe" und für richtig und möglich halte, sondern ich erlebe, was ich tief in mir innerlich glaube".

Oder einfach ausgedrückt:

Wenn du an deinem Spiegelbild etwas ändern willst, rasierst du doch dich und nicht dein Spiegelbild. Du gibst deinem Rasierspiegel doch auch nie die Schuld, dass er verantwortlich ist, für das, was es zeigt!

Geistig gesehen ist das, was du innerlich für wahr hältst, entweder gut bzw. wahr oder wird wahr, wobei du selbst die Grenzen deiner Erfahrung festlegst. So bekommst du immer das, was man glaubt!
Grundsätzlich gilt es in diesem Zusammenhang dir mehr und mehr bewusst zu werden, dass jeder sprichwörtlich in seiner Vergangenheit lebt!
Die Einstellungen, mit ihren entsprechenden emotional aufgeladenen Erinnerungen und damit verbundenen Glaubenssätzen sind oft das Bewegende aus der Vergangenheit und schaffen damit auch wieder dieselbe Zukunft.

Gemäß dem Grundgesetz „Alles hat eine geistige Ursache", hat jeder Mensch durch diese bewertenden Programmierungen seine jetzigen Ereignisse, Situationen und Darstellungen hervorgerufen.

Es bedarf dafür schon einer längeren Klärungsarbeit, die beglei-
tenden schmerzhaften alten Gefühlen und Befürchtungen zu verabschieden, und jeder Mensch hat oft das Gefühl zu sterben, wenn er
diese loslassen muss und sich eine Zeitlang auf den unsicheren Boden
eines neuen Wachstums zu begeben hat.

Wenn du also unpässliche Darstellungen erlebst, gegen diese nur
kämpfst, handelst du immer in oder gegen deine eigene Vergangenheit. Mit dem Kämpfen gegen das sich im Außen manifestiert
zeigende „Schuldige" schürst du nur noch das negative Störfeuer in
deiner Zukunft. Du schenkst diesem verstärkte Energie. Dies äußert
sich natürlich einsichtiger Weise auch besonders in einem
Krankheitsgeschehen, das ihr „Psychosomatik" nennt!

Aber die Frage „Was hat das mit mir zu tun", also nach der Ursache in
seiner Vergangenheit wird nie gestellt. Du verstärkst so immer die
Krankheit, anstatt das Gesunde in dir.

Wie du in deinem Leben schon bemerkt hast, sind Ideen, Bilder und
innere Symbole sind die erste, ursprüngliche Quelle in deiner Seele
von allem, was sich in sichtbarer Form manifestiert und sind
grundsätzlich mit einer Gefühlsenergie als treibende Ideenkraft, quasi
wie ein Talisman aufgeladen. Die emotionsgeladene Visualisierung
ist ein mächtiges Hilfsmittel dafür. Bei der Visualisierung wird ein
geistiges Bild erstellt und dieser Vorgang, in unserem Geist ein Bild zu
erstellen, wird als Imagination bezeichnet *(etwas, das den meisten Menschen
verhältnismäßig leicht fällt)*.

Das Praktizieren der kreativen Visualisierung ist weder mäßige
Tagträumerei noch Wunschdenken. Man kann zwar sagen, dass es
dem Träumen ähnlich ist, aber es geht darüber hinaus. Es ist vielmehr
ein bewusstes konzentriertes tiefes emotional gefärbtes „Sich-
Vorstellen", wobei die Kraft deines Willens mit der Beharrlichkeit und
viel Emotion mit deiner passenden Intuition, aus innerer Selbsterkenntnis dahinter stehen müssen.

Es ist eine immaterielle Tätigkeit, die wie bei meinem ersten Erschaffen, zuerst als geistiges emotionales Bild und später als materielle Darstellung ins Leben tritt. Deshalb musst du Verantwortung walten lassen in dem, was du dir emotional gefärbt, bildlich wünschst und vorstellst. Es ist die gleiche Verantwortung, von der du auch Gebrauch machst, wenn du deine zielgerichteten Absichten und Entschlossenheit entwickelst.

Dabei ist es wirklich entscheidend, mit welchem Motiv und gefühlsmäßigen Erlebnisqualitäten du visualisierst. Visualisierst du darin Hass, Angst, Bedürftigkeit etc. also negativ destruktive empfundene Aspekte deines Lebens, dann bekommst du die visualisierte Wunschsituation als dementsprechende Negativsituation entgegen.

Dies entspricht wieder dem Spiegelgesetz der Resonanz:

„Gleiches zieht Gleiches an“.

Die Ziele stellen sich dann mit den dementsprechenden Emotionsqualitäten dar.

Lasst es euch am Beispiel von „Aschenputtel" erläutern:

In eurem bekannten Märchen „Aschenputtel" der Gebrüder Grimm verstirbt gleich zu Beginn die Frau eines reichen Kaufmanns - mehr wissen wir dazu nicht. Vielleicht fühlte sich diese Mutter von Aschenputtel aber in der Familie des Mannes nicht genügend, gewürdigt oder erwünscht, auch könnte sie sich unter Umständen sehr einsam gefühlt haben. Aber das war der Beginn des schmerzhaften Leidensweges von Aschenputtel, von ihrer Geburt an:

Aschenputtel fühlte sich ebenso wie ihre Mutter einsam und unerwünscht. Sie war ja auch das belastende Gefühl, das in ihre Mutter während der Schwangerschaft als Prägung mit sich herumtrug!

Damit begann ihre Misere - Ihr Leben wird nun quasi zur Hölle, als ihr Vater eine Witwe heiratet und diese kurz darauf ihre zwei Töchter mit in das Haus des Kaufmannes bringt, die angeblich „schön und weiß von Angesicht" waren, aber garstig und schwarz von Herzen.

Da brach diese schlimme Zeit für das arme Stiefkind an!

Das Gefühl bzw. der Glaubenssatz von „unerwünscht, nicht zugehörig, ungeliebt" wurde verstärkt, denn von nun an muss Aschenputtel nicht nur alle erdenkliche Schmutzarbeit leisten, sondern sich sogar in der Asche beim Herd ihren Schlafplatz einrichten. (*deshalb wird das Mädchen auch „Aschenputtel" genannt*)

Ja! - Aschenputtel war eigentlich nicht erwünscht, abgelehnt - wurde genannt „Dumme Gans", wer Brotessen will, muss es sich verdienen, wurde zum Bettvorleger gemacht, verspottet in schmutzigen Kleidern und das traf tief und weil es darum immer staubig und schmutzig aussah, nannten sie es „Aschenputtel".

Das saß tief und sie glaubte es sicherlich auch mit ihrem „Gewissen" noch mehr und mehr, weil sie sich alle Mühe gab, die Forderungen die an sie gestellt wurden genau zu erfüllen aber ergebnislos. Es nutzte nichts, dass sie all ihre körperlichen Leistungen und Erfolgsstreben dafür einsetzte um von ihrer Stiefmutter und den Schwestern geliebt und anerkannt zu werden.

Nebenbei nun sei bemerkt:

Dass die Stiefmutter und ihre Stiefschwestern nun laufend auf ihr „herum-hacken", ihre Launen trotz guter Arbeit an ihr auslassen, zeigt dabei ebenso die mangelnde Selbstliebe in diesen auf, die sie sich ebenfalls über die Erniedrigung ihrer Stiefschwester versuchen zu erlangen, um sich vermeintlich Bedeutung und Wichtigkeit zu beweisen, die sich selbst nicht geben können und das zeigt doch dem Aschenputtelmädchen, das jetzt erkennt:

„Ist da nicht eine Ohnmacht in mir - eine Hilflosigkeit - ein sich noch (siehe Kindheit!) als Opfer im Leben empfindend, dich selbst im Selbstmitleid lange selbst gemobbt habend? Denn meine Situationen, mit ihrem Verhalten mir gegenüber, wäre doch nicht so, wenn es in mir nicht da wäre (Wie innen, so außen!) und geht es den anderen nicht genauso?

Wären die Stiefmutter mit ihren Töchtern mit sich selbst zufrieden und rundherum ausgeglichen müssten sie sich so nervig mit mir beschäftigen. Wenn diese doch mit sich im „Reinen" wären, müssten sie mir doch keine Energie schenken bzw. drangsalieren um sich mächtig oder wert zu fühlen!

"Ja" - Sie schlagen mich laufend auf die rechte Wange und jetzt halte die linke erkenntnisfähige Wange hin und ich sage zu mir in liebevoller Akzeptanz, wenn ich Ärger empfinde und an diese Damen, denke aber mit Hilfe meiner Intuition, die sich mir als Zauberfee vor meinem „Geistigen Auge" darstellt:

"Danke, liebe Familie, Stiefmutter und Geschwister, dass ihr mir zeigt, wie sehr ich mich noch als hilfloses Opfer, wie meine Mutter in ihrer Ehe empfinde. Ich bewundere euch in eurer Darstellung für mich als göttliche Botschaft in meinem Leben und ich erkenne mich jetzt in meinem inneren 5-6 -jährigen Kind, das noch in einer „Hütte unter einem Laubhaufen" sitzt und weint.

Hier gilt es nun für mich zu erkennen, dass das was in mir ist, sozusagen in mich hineingebracht worden ist. Es ist eine „Programmierung" in meiner frühesten Kindheit.

Ja, es war vielleicht noch eine „Programmierung" von meiner Mutter in ihrem Leib, wo ich als Mensch noch unbewusst gewesen war und dennoch bereits Prägungen von Trauer, Einsamkeit und Unerwünscht-sein empfangen habe. Das genau war der Punkt, dass ich aus meiner jetzigen Sicht heraus natürlich nicht mehr in der Lage war, mir dieser Programmierungen bewusst zu sein.

Schmerzhafte Gefühle und Erlebnisse meiner Mutter drückten mir natürlich schon vor der Geburt quasi Ihren Stempel auf die mich in meinem wahren Sein verzerrten und quasi von mir entfremdeten und ich mir noch die Gewissensschuld gab, dass sie starb!

„Ja! - Heureka" – Du hast es erkannt", sprach ihre Intuitionsfee in ihrem Geist: „Jetzt hast du bei deiner „Selbsterkenntnisarbeit" im symbolischen Kornsortieren, den Durchblick erlangt bzw. deine „Erleuchtung" – deine Klarheit!

Jetzt kannst du natürlich wieder zu dir finden. Denn jede Prägung kann und wird durch Bewusstwerdung quasi ausgeglichen und ausgefüllt werden, denn wie schon der Name sagt, etwas hat dich geprägt, dich geformt.

Nun gilt es diese Prägungen im Leben *(Ängste, Frustration, Zwänge, Abwehrhaltungen)* körperliche Störungen quasi wieder auszugleichen, um dich dann durch die Neutralisation in eine positivere harmonischere Form, in ein harmonischer empfundenes Leben zu bringen."

„Danke"!- sprach Aschenputtel hocherfreut und be-„Geist"-ert zu ihrer „Inneren Fee". Jetzt erkenne ich mich, kann es nun auch als kleines Kind in mir umarmend fühlen und annehmen:

"Ich bin so stolz auf mich - Du ich lass dich jetzt nicht alleine -Bei mir bist du jetzt sicher. „Fürchte dich nicht, ich bin bei dir" sage ich -"Wir sind jetzt stark und erwachsen!"

Aha!- Ich spüre jetzt schon, wie mein inneres weinendes Kind seufzt, dann tief vor Rührung beruhigt einschläft und fühlt sich ganz sicher, weil ich es so lieb habe.
Plötzlich fühle ich auch keine Wut mehr, weil mein inneres Kind, das ich selbst bin und die Liebe und das Verständnis, die ich mir gebe, ein Gefühl der Sicherheit und Geborgenheit darstellt, das ich jetzt empfinden und atmen kann."

So ging Aschenputtel her und überprüfte ihre Glaubenssätze beim symbolischen Linsensortieren in der Küche:

„Die Guten ins Töpfchen, die Schlechten ins Kröpfchen".

Ihr wurde bewusst:

Ich konnte machen was ich wollte, mit höchster Qualifikation und Wohlverhalten. Ich wurde nicht erfolgreicher, anerkannt und geliebt. Keiner wollte mich eigentlich haben. Keiner wollte mich trotz guter Arbeit und steigender Qualifikation!

Mir wurde ein unsichtbares „Schild" aufs Haupt geheftet: "Ich bin überflüssig"- schon in meiner Kindheit - abgeschoben. Stetig war ich "ÜBERFLÜSSIG" und „UNERWÜNSCHT"!

Mein notwendiges Verstandesbewusstsein erkennt jetzt:

Das „Schild" „unerwünscht und überflüssig" klebt immer noch auf der Stirn! - Ich akzeptiere aber jetzt, weil ich die Lösung erkenne:

Ich kämpfe nicht im Äußeren dagegen, sondern ich ändere meine innere Einstellung zu mir, mit einem gefühlten Bild, einer stolzen Prinzessin und zugehörigem Symbol und Gefühl, was ergibt:

"Ich bin stolz auf mich! - und fühle mich nicht mehr als „Aschenputtel", sondern ich kann mich als Königin in meinem Leben erkennen.

Ja! - Jetzt arbeiten mein Verstand + Gefühl + Intuition nun zusammen! - Bei allem was ich jetzt, tue, bei jeder Verrichtung und Handhabung (Putzen, Küchenarbeit, Kaffeekochen, Schreiben, etc.) Bild, Symbol und Gefühl hervor rufen mit:

" Ich bin stolz auf mich" (und für das was ich bisher geleistet habe!) und bin es wert vom Leben beschenkt zu werden!"

Das Wunderbare aber geschah!

Gott, der Große Geist, „sandte" bzw. offenbarte sich, ihre Zuversicht und neue Einstellung erkennend, im entsprechenden Symbol der Fee, sprich einer Verheißung einer glücklichen Zukunft.

Er antwortete auf ihre neue Einstellung der Selbstliebe.

Ein Königssohn kam Aschenputtel entgegen und letztendlich wurde sie tatsächlich seine Königin!

Aschenputtel erkannte für sich:

„Wenn ich mich ändere, ändert sich meine Welt und ich bekomme immer, was ich glaube!"

Ich bin „EINZIG"-·ARTIG – Ich bin „GÖTTLICH"

Alle konfessionellen „Glaubensvereinigungen" predigen aber mit Inbrunst:

„Wir sind alle Sünder" – vergib uns unsere SCHULD und unseren HOCHMUT. Also bin ich da eh' immer „SCHULDIG", mache ich eh' immer ALLES FALSCH – zumindest habe ich diese Angst. Was daraus „PSYCHO·SOMATISCH" entsteht, ist „nahe" – liegend!

Wundert Dich jetzt noch was?

Die geistigen Bilder, die du dir vorstellst, müssen also das, was du erschaffen willst, von der Gefühlsqualität deines Inneren her vollkommen unterstützen. Dabei kommt es nicht so auf die Einzelheiten an, sondern möglichst eindeutige Bedürfnisemotionslagen brauchen die innere konstante Aufechterhaltung.

Wenn die Bildern von deinen Emotionen her, im Widerspruch zu deinem Ziel stehen, du ihnen gleich viel Zeit gibst, entspräche das dem Reif bzw. den nagenden Heuschrecken, die das visualisierte Ergebnis zerstören bzw. in Frage stellen. Dies entspräche deinen Zweifeln bzw. diversen Befürchtungsenergien. Wir alle sind Meister darin, uns im Geist mit Unmengen von Befürchtungsenergien alle möglichen negativen Bilder „auszumalen."

Aber jetzt, da du weißt, dass Visualisierung einen bedeutenden Teil des schöpferischen intuitiven Prozesses bildet, nutzt du dieses wundervolle Werkzeug, um für das Erreichen deiner Ziele an Kraft zu gewinnen!

Dulde also nur solche emotional aufbauenden Bilder in deinem Bewusstsein, die dich und andere unterstützen und du wirst sehen, wie schnell sich Lebenssituationen ändern. Dies gilt auch besonders, wenn ein Symbol in Form eines gefühlsbeladenen Bildes wirkt, dann wird es Wirklichkeit.

Emotional beladene Visualisierung verwandelt und verändert dich, wie schon geschildert. Dein Geist arbeitet mit dem Symbol, dem Bild, dem Phänomen des Dynamischen, d.h. diesem wohnt eine treibende, sich „verwirklichen wollende" Kraft inne. Deshalb ist das Symbol ein Instrument, das ein Bewusstsein konzentriert nutzt, um sich in der spezifischen Realität zu manifestieren. Dabei ist es zu beachten, dass letztendlich nicht der vorgestellte Wunsch sich manifestieren wird, sondern, die Gefühlsqualität, die du erleben willst.

So kannst du hoch emotional als Wunsch an dem Ziel arbeiten, ein „Großer Herrscher" etc. zu werden, aber hinter deinem vorgestellten herbei gesehnten Wunsch steht eigentlich das emotionale Bedürfnis:

„Ich möchte mehr Freiheit oder Selbständigkeit" etc.

So steht eigentlich bei der Wunschverwirklichung immer ein Bedürfnis, eine emotionale Qualität hinter der Verwirklichung. Was sich dann verwirklichen wird, ist so nicht der große Herrscher, Held, sondern andersgeartete passende Möglichkeiten, die deinem Bedürfnis bzw. Anlagen oder Wachstumsthemen entsprechen!

Warum Anlagen oder Wachstumsthemen?

Da gab es einen exzellenten Cembalospieler an meinem Grottenhaus in Bodenwerder für meine Herrengelage, der sich mit angeblich freiem Willen beschwert, trotz seines Talentes nicht mehr Anklang mit seiner angeblichen "authentischen Freude" und Berufung zu finden und in einer Gutsverwaltung seines Vaters als Lebensunterhalt als „Verwalter "spielen" zu müssen!
Leider musste sich dieser junge Mann auch mal von mir, Hieronymus, anhören, dass es in diesem Leben gar nicht um dieses äußere Talent bzw. Gabe als Berufung geht, sondern um Disziplin, Strukturen schaffend, Organisieren! - Das möchte seine Seele von ihm!
Hier galt es also Freude und Akzeptanz hinein zu bringen und nicht der reinen Künstlerlust als Gabe zu frönen.
Das Klavierspielen als Hobbygabe -"Ja" -als Beruf -Nein! und wenn doch, dann galt es hier dies dem Allumfassenden zu überlassen!
Aus den im „Göttlichen Reisebüro" vereinbarten Themen kommst du halt nicht raus! (Schmunzel!)

So kannst du mit einer ständigen konzentrierten Visualisierung mittels eines dich innerlich berührenden Symbolbilds einen Kanal zu deinem wirklichen Seelenbedürfnis schaffen. Die Verwirklichung kannst du dann ganz dem Großen Geist in dir überlassen. Also versteife dich nicht absolut fix auch das Zielbild, wie der Klavierspieler. Es dient nur als Fokus deiner wirklichen psychischen Bedürfnisse. Als Symbol kann dir z.B. auch die aufgehende Sonne, als Symbol für Lebensfreude, Mut und Selbstverwirklichung, eine Quelle, für reichhaltiges Gefühlserleben stehend.

Oder es ist möglicherweise ein Schmetterling, als Symbol für das Offensein von Veränderungen, ein Diamant für Stärke, ein Bild eines weiten Sees, für mehr Raum und Entfaltung, das dich emotionell stark anspricht, dienen. Das wären „wirk"-liche „Talismane".

Merke:

Wo die Konzentration ist, da ist deine Schöpfungsenergie - und Übung macht halt immer noch den Meister!

Also! – Durch Visualisierung mit meiner fokussierten emotionalen Glaubenskraft, gelang mir so auch meine eigene erschaffene, erlebte und verwirklichte Mondreise!

Das gelang mir in Übereinstimmung, mit eben meinem Inneren, dem gefühlten „Eingebettet sein" in ‚S`eine ungeheure Weite, seinem unbegrenzten Schöpferpotential:

"Dein Wille sei meiner" - oder:
„Ich lasse Seine Realität durch mich fließen und gestalte sie!"

"Mensch," - *Du bist das zusammen gezogene Bild der Welt,*
Welt, du bist das in Weiten ergossene Wesen des Menschen.
(Rudolf Steiner)

Eines Abends wurde ich von zwei Bären angegriffen ... Da ich nichts in der Hand hatte als eine Axt, so warf ich diese mit aller Wucht nach den beiden Räubern. Doch sie traf die Bären nicht, sondern flog an ihnen vorbei, stieg, infolge des gewaltigen Schwungs, höher und höher und fiel erst, wo glaubt ihr, nieder? Auf dem Mond!

Was tun? Wie sollte ich sie wiederkriegen? Wo gab es so lange Leitern? Zum Glück fiel mir ein, dass die türkischen Bohnen in kürzester Frist erstaunlich emporwachsen. Ich pflanzte sofort eine solche Bohne, und sie wuchs doch tatsächlich bis zum Mond hinauf und rankte sich um die eine Spitze der Mondsichel!

Nun war es eine Kleinigkeit, hinaufzuklettern, und eine halbe Stunde später fand ich auch meine Axt wieder .... Ohne langes Federlesen flocht ich mir aus dem Mondhäcksel einen Strick, den ich an einem der Mondhörner festband. Dann ließ ich mich vorsichtig hinunter. ...

..Nun, später geriet ich ein zweites Mal auf den Mond, freilich auf viel angenehmere Art und Weise. Wir fuhren also los und erst am achtzehnten Tage, begannen die Abenteuer, und zwar mit einem unheimlichen Orkan, der unser Schiff, etwa tausend Meilen hoch, in die Luft hob. Dort oben, über den Wolken, segelten wir dann sechs Wochen und einen Tag, bei stetiger Brise, dahin, bis wir ein großes Land entdeckten. Es war rund und glänzend und glich einer schimmernden Insel. Wir gingen in einem bequemen Hafen vor Anker und an Land. Tief unter uns sahen wir, mit unseren Fernrohren, die Erdkugel mit ihren Seen, Flüssen, Bergen und Städten, winzig wie Spielzeug.

Die Insel, das merkten wir bald, war der Mond...

Ich muss zugeben, dass das alles recht seltsam klingen mag. Aber es hat trotzdem seine Richtigkeit, und wer auch nur im Geringsten daran zweifelt, braucht nur auf den Mond zu reisen und meine Angaben nachzuprüfen. Dann wird er mir abbitten und bestätigen, dass ich von der Wahrheit so wenig abgewichen bin wie kein anderer Mondreisender sonst. Faustdicke Lügen aufzutischen war mir immer verhasst. Ich kann's nicht ändern. So, und nun will ich ein Glas Punsch trinken. In meinem Zwölfliterglas. Prosit !

nach Baron Münchhausen von Gottfried August Bürger (1747 –1794)

Wichtige Anmerkung:

Wer so überheblich ist, mir, dem Freiherrn von Münchhausen, schon wieder den „Lügenbaron" zu unterstellen, den darf ich mal darauf aufmerksam machen, was ihr unter vielem anderen, aus eurer „Heiligen Bibel" alles so glaubt:

Im Alten Testament beschreibt der Priester und Prophet Hesekiel *(auch Ezechiel genannt)* das Licht-Vehikel der **„MER-KA-BA"** als „Räder innerhalb von Rädern." Um das Jahr 593 v.Chr. - damals also - "öffnete sich der Himmel" - und was anschließend geschah, erzählt uns der biblische Prophet fast minutiös in den folgenden Versen:

... „Es kam über mich die Hand des Herrn. Ich schaute, und siehe, ein Sturmwind kam von Norden und eine große Wolke, rings von Lichterglanz umgeben,.. loderndes Feuer,.. aus seinem Innern,.. leuchtete es hervor wie Glanzerz." ..."Inmitten der Lebewesen sah es aus wie feurige Kohlenglut,.." und "je ein Rad war auf dem Boden neben den Wesen,.." Diese Räder sahen aus "wie der Glanz des Chrysoliths" und sie waren ausgeführt, "als ob ein Rad durch ein anderes ginge.
Über ihnen "war eine Art Feste, leuchtend wie Kristall, ausgespannt über ihren Häuptern „..und wenn sie gingen hörte ich das Rauschen ihrer Flügel wie das Rauschen vieler Wasser ein brausendes Geräusch wie das Geräusch eines Heerlagers; wenn sie aber standen ließen sie die Flügel sinken, und es gab ein Geräusch."

"Oberhalb der Feste,.. da war etwas, das aussah wie Saphirstein und einem Throne glich „.." und darauf war "eine Erscheinung, die das Aussehen eines Menschen hatte. und... es funkelte wie Glanzerz, wie Feuer,... Oberhalb dessen, was wie seine Hüften aussah, sah ich etwas, was wie Feuer aussah, ... einen Lichtglanz ringsumher. Wie die Erscheinung des Bogens, der in den Wolken steht am Tag des Regens..." war der "Lichtglanz ringsum. So sah das Schaubild der Herrlichkeit des Herrn aus. Ich schaute und fiel auf mein Angesicht und hörte die Stimme von einem, der redete" (AT - Hesekiel Kap1ff – bes. Vers 3-28).

Die Himmelfahrt des Elias:
„Und da sie miteinander gingen und redeten, siehe, da kam ein feuriger Wagen mit feurigen Rossen, die schieden die beiden voneinander; und Elia fuhr also im Wetter gen Himmel. (1 Mose.5,24)

Mit dem Schopf aus dem Sumpf !

„Gleichwohl sprang ich auch zum zweiten Male noch zu kurz und fiel nicht weit vom andern Ufer bis an den Hals in den Morast. Hier hatte ich unfehlbar umkommen müssen, wenn nicht die Stärke meines eigenen Armes mich an meinem eigenen Haarzopfe, samt dem Pferde, welches ich fest zwischen meine Knie schloss, wieder herausgezogen hatte."
nach : Baron Münchhausen von Gottfried August Bürger (1747 –1794)

Kennst du meine Methode, sich am eigenen Schopfe aus dem Sumpf herauszuziehen?

Das Leben zieht dich nicht runter! - Es verwirklichen sich nur deine emotionalen Blockaden und Muster, die dich runterziehen und wenn du da nicht daran arbeitest mit SELBST-Erkenntnis, wird das ein großer Absturz ein, besonders, wenn man der obigen Argumentation mit der Leugnung der Selbstverantwortung gleich stellt!

Wenn du dich änderst, ändert sich dein Leben! und Gleichmut kann da das Kontraproduktivste sein, was es gibt!

Wenn du willst, dass dein Schmerz und das Leiden aufhört bist du aufgefordert die damit verbundenen krankmachenden Glaubenssätze los zu lassen - Erst dann bist du in der Lage, die damit verbundene Illusion loszulassen und das Neue, dich beglückende Heilende in dein Leben fließen zu lassen! -
Beschwörung und konfessionelles Beichten sind dabei nur ein Akt mittelalterlicher Magie, die dem EGO weismacht, seinen eigenen Mist, den es erschaffen hat, übertünchen zu können!

Wusstest du, dass aller Schmerz in dir wegen deines Festhaltens, deines Anhaftens an belastende Emotionen und Muster besteht?

Dein körperlicher und emotionaler Schmerz entsteht als Ergebnis von Widerstand und Konflikt in deinem Bewusstsein?

Wenn du leidest, geschieht das, weil du an etwas festhältst, das dich nicht weiterbringen kann. Folgerichtig wird dich nur deine Beziehung zu deinem Inneren heilen können.

Wenn dir etwas, dem du verhaftet bist, weggenommen wird, schmerzt dich das. Es ist enttäuschend oder frustrierend, wenn dein Festhalten deine Bedürfnisse nicht so erfüllt, wie du dir das erhofft hast. Doch wird dir wahrscheinlich alles, woran du Leidenschaft anhaftest, eines Tages weggenommen werden, weil dir deine Seele beibringen möchte, dass du nichts außerhalb deiner Seele brauchst.

Es geht um deine Bereitschaft bereit zu sein, das Alte loszulassen, um das Neue, das du noch nicht kennst in dein Leben einfließen zu lassen. Solange du nur begrenzte Vorstellungen über dein Leben hast, bist du nicht in der Lage, dir das Neue vorzustellen, es zu fühlen, es in dir zu zulassen, und so bist daher auch nicht imstande, es in Empfang zu nehmen.

Der Weg zu deinem Heil sein erscheint dir oft gepflastert, mit all deinen Erlebnissen, deinen Schmerzen, deinen Frustrationen, deiner Trauer, deines Kummers.

Oft ist er gesäumt von deinen Enttäuschungen. Erkenne jetzt diese „Via Dolorosa", diesen Pfad des Schmerzes!

Erkenne das Tragen deines Kreuzes, an das du dich letztendlich gefesselt fühlst, an dem du schlussendlich sterben musst. Aber dein Sterben, gefesselt an dieses Kreuz, ist in Wirklichkeit das Sterben deines alten Bewusstseins, das sich meist materiell, körperlich eingeschränkt empfindet.

Rufe dir also erst einmal deinen Schmerz mit den dazu gehörenden Erlebnisbildern wieder in Erinnerung und höre hinein in die innere Weite oder in die Intuition deines Herzens. Gib diesem Schmerz und den damit verbundenen Bildern sprichwörtlich viel Raum und fühle tief in dir:

Was will dieser Schmerz mir sagen und frage deinen Schmerz, atme dort hinein, er soll dir persönlich erzählen, warum er sich so darstellt, woher diese deine Angst kommt, und was du tun kannst, um dich von dieser deiner Angst zu erlösen und damit von deinem Schmerz.

Gib all diesen Gefühlen Raum zur Entfaltung. Beobachte und werte nicht, beobachte nur und fühle. Nimm diese konkreten schmerzenden Situationen deines Lebens und hinterfrage nur, höre die Antwort und sieh die Bilder die dazu aus dir heraus, aus deinem Inneren aufsteigen. Fühlst nicht schon bald, wie sich die angenehme heilende Wärme deines Einverständnisses sich in dir auszubreiten beginnt. Fühlst du nicht über dieses Loslassen mehr und mehr die Weite des „Geistigen Ozeans in dir, der Wunder in dein Leben einfließen lassen möchte?

Zurück in die Zukunft?

Wenn du deine Vergangenheit mit deinen Einstellungen nicht geklärt und durchschaut hast, dann wirst du im Hier und Jetzt immer nur die Vergangenheit wiederholen. Ein "zurecht kommen" oder ein „Sei du selbst" oder „Einverstanden-sein" ist also immer nur ein Reagieren statt agieren. Und agieren kannst du nur, wenn du dir deiner mehr und mehr bewusst wirst. Und damit hast du den Samen für deine erfüllendere Zukunft gesetzt.

Willst du in der Gegenwart weiter mit deinem Magengeschwür nur zurecht kommen? Willst du buddhistische Leidideologie tragen ? - ständig das Kreuz herum schleppen, um stolzer Christ zu sein? - Esoterisches Erwachen und Erleuchtung suchen, anstatt dein Bewusstsein durch Erkenntnis über dich zu verfeinern? – „Heilige" Kriege gegen andere und dich führen! Für ein illusionäres Glück im Himmel!

Dann hast du deine Vergangenheit nicht durch - blickt!

Du wirst in der Zukunft immer die "richtige" Antwort" bekommen:

"Die heißt Schmerz, Leid, Medikamente" , Unerfülltheit.

Wie lange du mit diese Antwort dann zurecht kommst, liegt an der Bewunderung deines Leides bzw. ständige Verdammung von Schuldigen oder Selbstverdammnis deines Lebenswillens durch den Glaube an eine „(Erb~) Sünde" oder welchen Krankheitsgewinn du daraus ziehst!

Die Tür zur Münchhausen Power

Also! - Du stehst vor einer „Wand" – du bist machtlos – ohnmächtig?

Was ist der Unterschied zwischen einer Situation und einem Problem der Wand?

Eine Situation ist eine Darstellung auf deiner Lebensbühne, die du noch erschaffst und darin noch Handlungsmöglichkeiten besitzt. Hier weist, fühlst und ahnst du, noch ausreichende Kapazität zur Gestaltung zur Verfügung zu haben, um diese Situation zu bewältigen. Ein Problem ist es für dich nur dann, wenn eben diese Situation übermächtig erscheint, oder deine Energie, deine Kapazität, deine Kraft zu gering ist.

Das Gesetz der Relativierung von Situationen, in denen du wie vor einer Wand stehst und diese versuchst zwanghaft zu verändern sagt:

„Stecke keinerlei emotionale Energie mehr in diese Situation. Diese steht natürlich wie schon betont, als Lösung in innigster Verbindung mit einer einfachen und wirkungsvollen Affirmation:

"Es ist mir wurscht", d.h. ich akzeptiere die Situation erst einmal emotionslos.

Wie kann man dies nun in die Praxis umsetzen, so dass sich eine unbezwingbare Situation auflöst:

„Du musst die Relationen verändern in deinem Empfinden zu dieser Situation."

Was fällt dabei auf! Natürlich das Empfinden. Du empfindest einerseits dich und du empfindest anderseits eine Situation. Aber immer ist es wessen Empfinden?

Es ist immer dein Empfinden!

Wenn du nun eine Situation übermächtig groß empfindest und du glaubst darin im „Schlamassel zu sitzen", was kannst du verändern?

Was ist das Naheliegendste, das du verändern kannst?

Natürlich dein Empfinden in Bezug auf die Situation!

Um das, was dir im Außen geschieht, zu durchschauen, es zu durchblicken, brauchst du dir wieder nur die Frage stellen:

Wie konnte ich das zulassen, bzw. erschaffen und lösen?

Nicht nur durch emotionale Distanz von „Befürchtungs- und Ohnmachtsenergien" sondern auch durch:

„Liebe den Augenblick"

Befreie genau diesen Augenblick im „Jetzt" von der emotionalen Empfindungsenergie, die du soeben meintest zu erleben.

„Ja, du hast sie erlebt, weil du dazu voll und ganz emotional in Resonanz gegangen bist. Deshalb hast du sie erlebt! Du meintest, und es war deine emotionale Einstellung, die du angenommen hast. Es waren deine meist unbewussten Blockaden, die du angenommen hast, die sich dir im Außen wiedergespiegelt haben.

Geht es dir nicht oft so, wenn du in einer druckbetonten, ärgerlichen oder stressigen Gemütsverfassung bist, dass dann partout nichts funktioniert. Aber kaum hast du dich zur Disziplin gerufen und sagst zu dir „Ruhe, Ruhe, ganz ruhig" und schon funktioniert es kurz darauf.

Noch nicht probiert – Erscheint dir unwahrscheinlich?

Ist aber die einzig mögliche Lösung!

Ja! - Löse dich!

Das bedeutet, dass nur die eine Chance hast, all das, was sich dir bis jetzt dargestellt hat, energetisch zu ignorieren, um so den Augenblick lieben zu lernen, mit einer Inbrunst sondergleichen. In dem Augenblick, wo du den Augenblick wirklich liebst, liebt der Augenblick dich zurück und es beginnt dann augenblicklich eine Liebesbeziehung von Augenblick zu Augenblick.

Warum?

Gott als „Alles, was ist" stellt grenzenlose Liebe dar. Er ist und bleibt die einzige Ursache alles Erschaffenen, ist daher in allem enthalten, ist daher alles, was ist!

Daher kann er nicht anders kann als dich zu lieben, denn er hat sich in dir ja aus seiner Liebe heraus erschaffen. So kommst du durch das Lieben des Augenblicks grundsätzlich mit ihm immer in Berührung und lernst dadurch die Problematiken deines Lebens zu beschränken.

Es geht um diese innere Einstellung:

„ Ich erschaffe damit über meine Geisteskraft!

Du widerspiegelst dich dann und handelst aus deiner Kraft des Vertrauens heraus, dass es gut geht, mögen auch die einen oder anderen Befürchtungen auftauchen wollen. Diese werden ignoriert, weil über deine innere Einstellung ein „Verwandlungsvorgang" eingeschaltet worden ist, der über:

„Ich glaube, ich vertraue" - läuft!

Empfinden schafft deine Realität und das Äußere antwortet dir resonanzmässig darauf!

So heißt die ganze Zauberformel der Münchhausen Power für dein Leben!

Stagnation

Alles stagniert! – Ich kann tun was ich will – Nichts läuft!

Was sehe ich nicht! – Was soll ich tun?

Also nochmal:

Trotz meiner Tapferkeit und Klugheit und trotz meines Litauers Schnelligkeit und Ausdauer geriet ich, nach einem Kampf mit einer vielfachen Übermacht, in Kriegsgefangenschaft - und was noch schlimmer war: Ich wurde als Sklave verkauft! Das war ein rechtes Unglück, und wenn meine Arbeit auch nicht gerade als Schwerarbeit zu bezeichnen war, so war sie nicht nur recht seltsam, sondern auch ein bisschen lächerlich oder ärgerlich, wie man will…
nach: Baron Münchhausen von Gottfried August Bürger (1747 –1794)

Aber! - Alles stagnierte jetzt und früher oder später, stellst du dir sicherlich wieder die Frage:

„Wie komme ich aber wieder in Resonanz mit grundsätzlichen Erlebnismöglichkeiten, die ja nur polar zu bekommen sind?

Durch Leidenschaft für etwas, aber: „Schwupps! -

bist du aber nicht mehr in deiner Mitte, die ja auf Dauer sehr langweilig sein kann, aber dafür war ich ja nicht geboren und zu haben!

In der Mitte sein heißt sich seiner bewusst seiend agieren zu können und nicht reagieren zu müssen!

Mitte ist also nur zunächst dienlich als die Fähigkeit zum bewussten Handeln oder Besinnung - angemessen in der richtigen Stärke, zur richtigen Zeit, am richtigen Ort zu erkennen!

Da wo dein "JA" und dein "Nein" dein wirklicher Lebensausdruck ist und diese „ Mitte" ist ein Gefühl eines „Zuhause angekommen" – Seins.

Dann wirst du das Licht nicht suchen, du wirst den Schatten nicht suchen, du bist im „Sein".
Du hast dann emotionalen Abstand zu allen umgebenden Situationen und Dingen. Es bedeutet nicht, dass du keine Freude mehr haben sollst am Leben, denken, oder fühlen aber wahre Freude hast du dann im Herzen gefunden, und es brennt darin ein wärmendes Feuer, auch wenn es in den äußeren Lebenssituationen noch so „stürmt".

Es ist ein Lebensgefühl:

„Ich Bin" im inneren Frieden."! - Dieser innere Seelenfriede ist das „Daheimsein" in dir, wo du gerade gehst und stehst. Da ist kein Kampf. Nie mehr wirst du auf der Flucht sein, vor irgendetwas. Da ist keine Bedürftigkeit im Sinne von etwas „Brauchen, abhängig sein, an andere denken zu müssen" mehr vorhanden!

Aber ich wollte doch interessante Abenteuer für mein Leben um mich lebendig zu fühlen, auf meiner Heldenreise durch mein Leben!??

Aber da bin ich doch unzufrieden!

Aber Herausforderungen kannst du dich nur dann gewachsen fühlen, wenn du deine wahre Natur, aus deiner Mitte bereit geworden bist, erkennend, anzunehmen, sie in dein Leben hineinfließen zu lassen, anstatt laufend kampfhaft im Außen zu suchen und darum verbissen zu kämpfen.

Bist du also bereit, dich zu erheben, aus dem polaren Dunkeln, des sich schwach und unsicher "Fühlens" in die Höhe deines Bewusstseins deiner eigenen zunehmenden Unbegrenztheit?

Es genügt also eigentlich nur die Offenheit und Bereitschaft, dir von deinem Engel bzw. „Seele", in dir etwas sagen zu lassen!

Aber welcher Mensch ist bereit, sich etwas sagen zu lassen und schon gar nicht heute von einem „Engel", als personifizierte Energieform, ihm das „Göttliche" auf Anforderung „zudenkt"?

Warum eigentlich nicht? – Könnte es nicht sein, dass sich dadurch sich etwas in deinem Leben zu erfüllen und zu fließen beginnt? „Wie innen, so außen! - Wenn du bereit bist, etwas von Innen aus dir auf zu nehmen in die symbolische Bereitschaftenergie „ Ich bin mein Engel des Lichtes?

 Wie komme ich aber wieder praktisch in Resonanz mit grundsätzlichen Erlebnismöglichkeiten, die ja eigentlich aus meinem göttlichen Sein, wie es immer heißt, da sind, aber von mir trotz innerer und äußerer Entfaltungsmöglichkeit nicht wahrgenommen haben werden können.

Wie komme ich nun als reiner aufgeräumter Mensch über die Grenzen des mir Vorstellbaren, um wieder einen lebendigen Fluss in meinem Leben zu erzeugen?

Antwort: "Wer anklopft, dem wird aufgetan!"

Nimm mal ein altes Segelschiff mit einem Hohen Mast!

Du segelst im Nichts, siehst nur Wellen du bist verzweifelt, weist nicht was du tun sollst bzw. wohin du dein Steuer lenken sollst.

Kein mitgenommener moderner „Motivations- und Glücksclown" von euch auf dem Schiff konnte helfen!

Plötzlich ruft von oben jemand: „ Land in Sicht!"

Das heißt, du brauchst einen sehr hohen Standpunkt der Betrachtungsweise der Dinge, eine neue Perspektive, um überhaupt etwas tun zu können! – Das genau habe ich besonders mit meinem „Ritt auf der Kanonenkugel aufzeigen wollen!"

Solange du dich nun sehr fest am Boden deiner Realität bzw. Perspektive befindest, findest du keine! - d.h. dein Wille kann nicht mehr geschehen da unten, da dein menschliches Bewusstsein beschränkt ist, schon gar nicht, wenn du wieder eigentlich bittest oder betest:

„Großer Geist" - löse meine Fesseln und lasse mein Gefängnis so wie es ist" und du keinen Überblick mehr über die Chancen und Herausforderungen deines Lebens hast!

Er kommt nicht zu dir, wenn du weinst, unterwürfig um Gnade winselst. Er kommt nicht zu dir, wenn du bettelst, oder bittest. Aber wenn du Ihn, als seine Quelle einlädst, dieser dienst, kommt er!

Du brauchst also andere Realitäten von dort oben. Diese anderen Realitäten sind aber nur von oben realisierbar!

Jetzt kannst du dir neue Perspektiven nur schenken zu lassen – d.h. „Nicht mehr Mein Wille geschehe, sondern dein Wille" - Das ist klasse und gigantisch!

Wenn du zu dir also zu deinem noch unbewusst schlummernden „Göttlichen Sein", dem Weltengeist, dessen „Atem und Ausdruck" du doch bist, eigentlich über deinem bewussten Atem in der Stille sagst:

„Ich kann mich also nicht begreifen", gibst du dem Großen Geist in dir Raum durch dich hindurch zu treten und zu wirken!

Du anerkennst damit, dass deine Vorstellungen über dich zu klein sind um dich begreifen zu können!

Jetzt der nächste Schritt! – und wichtig dabei:

Halte dich deswegen nicht für minderbemittelt und klein!

Begib dich hoch hinauf in das Unvorstellbare in die Nähe des „Großen Geistes" in dir!

Wie? - Formuliere es so: „Ich kann mich zwar nicht begreifen", aber:

„Ich bin stolz auf mich - erwünscht und liebens –"Würdig"!"

Begründung für den Verstand:

„…weil ich es bis hierhin geschafft habe, trotz immense Schwierig-keiten in meinem Leben und es gibt mich immer noch Es hätte ja auch eine Arbeit in einem sibirischen Braunkohlkraftwerk bei -30 Grad sein können" -und schon geht's dir doch besser oder?

Also –„Be cool Baby": „Du bist" – „Ich bin" ein Gedanke seiner Liebe"!

„Ich bin ein unbegrenztes Potential seines Seins" –
„Ich bin es wert, vom Leben beschenkt zu werden!

„Gott ist immer in mir – Deswegen bin ich immer „Gottvoll" bzw. die „Klarheit" und im Grunde die „Fülle meines Seins"!

Wenn du das zunehmend fühlst und spürst und nicht begreifen willst, dein Focus, es einatmend darauf lenkst und dich dadurch mit dem Atem des „Weltengeist" dich verbunden fühlst, dann kannst du mit dem unbegreiflich "Erfüllenden" gefüllt werden, was in unbegreif-liche Wunder, auf deiner Heldenreise des Lebens, mündet!

Er ist das „Ich bin" alles was ist! - Er ist „Dein Wille geschehe" – „Ich bin dein Diener" und gebe dir alles, was du brauchst, aus der Kraft deiner Überzeugung und Glaubens!" – So ist Erfolg von innen heraus zu ver-„ur"-sachen, anstatt ihn ständig kräftezehrend zu er"zwing"en!

Begreifst du jetzt Seine Worte:

   „Selig sind die Armen im Geiste, denn ihrer ist das Himmelreich!"

und das Neue oder Erlösende erfüllt dich!

Aus seiner Quelle lässt du dich erfüllen, dich tragen, mit Abenteuern beschenken, wenn du willst! - Von dort oben erkennst du auch den wundervollen Rahmen, den „Er" für dein Leben erschuf!

Du wirst zum Licht deines Lebens!

Das ist die Gestaltung deiner Realität aus dem Bewusstsein!

In dieser neuen Realität kannst du wieder mit neuen Möglichkeiten ins Tun kommen!

Erfüllende Lehren eines Leuchtturms für dein Leben

Gott als „Alles, was ist" stellt grenzenlose Liebe dar. Er ist und bleibt die einzige Ursache alles Erschaffenen, ist daher in allem enthalten, ist daher alles, was ist!
Daher kann er nicht anders kann als dich zu lieben, denn er hat sich in dir ja aus seiner Liebe heraus erschaffen. So kommst du durch das Lieben des Augenblicks grundsätzlich mit ihm immer in Berührung und lernst dadurch die Problematiken deines Lebens zu beschränken.

Es geht um diese innere Bereitschaft: „ Ich erschaffe damit über meine Geisteskraft!"

Du widerspiegelst dich dann und handelst aus deiner Kraft des Vertrauens heraus, dass es gut geht, mögen auch die einen oder anderen Befürchtungen auftauchen wollen. Diese werden ignoriert, weil über die innere Einstellung ein Verwandlungsvorgang eingeschaltet worden ist!

Also: Empfinden schafft deine Realität! - Das Äußere antwortet dir darauf!

Kabarettistisch :

Es is ma „WURSCHT" - sprich „Gleich- Gültig"
(bei dem was ich tue: Das Lächeln über deine Lippen zeigt, dass es innen ankommt!)

und der Megaritualhit, der aus dem Gesagten annehmbar berührt:

„Ich bin mein Sein - Ich nehme mich an!"

Ein Leuchtturm leuchtet immer, ob er von den Schiffen beachtet wird oder nicht und er immer stolz auf sich, mit dieser aus ihm strahlenden Einstellung, egal was an ihn heranzubranden droht !

Die Rolle des Gebetes

In diesem Zusammenhang lasst mich, Hieronymus, noch einmal auf das „Beten" zurückkommen, was für mich eine sehr zwiespältige Angelegenheit war und mich dazu nie animiert hat, selbst als ich in den größten Bedrohungen und Schwierigkeiten steckte.
Bei mir gab es nämlich das winselnde und jammernde Gebet nicht, sondern nur die Einladung an den Schöpfergeist in mir, meine Anliegen zu verwirklichen! (Ja!- Psst: Das einzige Gebet zu dem Geist in mir war dann in der Gefahr ein stilles: „Oh!- Nimm doch endlich hinweg das Zittern meines Herzens!" –Mehr nicht!)

Ich glaube, dass das Gebet im Verhältnis zu Gott noch nicht verstanden worden ist. Da wird immer auch nach jeder persönlichen oder kollektiven Katastrophe zum Gebet für Frieden und die Erlösung durch den Weltengeist aufgerufen. Wir beten immer für eine Relativierung von dem was der/die Menschen doch selbst erzeugt haben, mit ihren Einstellungen: Denken, Handeln, Fühlen!

Aber das Allumfassende Bewusstsein hat doch schon auf euer Erschaffenes geantwortet Euer Gebet ist doch immer erhört. Gott antwortet doch immer nur, auf das was wir verursachen, verursacht haben und es wäre doch keine Liebe, das was wir erschaffen haben, ohne das Einverständnis des Göttlichen in uns zu ändern.
(Vgl. H. Hesse S 101)

„Ich bin" dein Licht und deine Finsternis: "»Ich mache das Licht und schaffe die Finsternis; ich gebe Frieden und schaffe Unheil." (Jesaja-45,7)
„Ich bin" - „Dein Wille geschehe - Ich bin dein Diener und gebe dir alles, was du brauchst, aus der Kraft deiner Überzeugung und des Glaubens!" – Das wären doch die Grundlagen für effektives Beten!

All diese Misslichkeiten sind Antworten des Großen Geistes darauf, sind doch immer nur reine „liebevolle Informationsverdichtungen", der man mit Gedanken der Verbundenheit und entsprechender Gegensteuerung im Sinne von "Finden, was wirkt" begegnen sollte.

Ein „Wegbeten", mit einem Licht- und Liebes - oder Kerzensturm nützt nichts, wenn wir die Fragen nicht stellen:

Warum passiert das und wozu dient es und zu was fordert es uns auf!

Was muss jeder dazu Geben‘: „Gebet – Ge-Bet"!

Also gilt es immer nur um Erkenntnis, diese Ereignisse in ihrer Be-„Deutung" zu durchblicken. Es gilt unsere Resonanz darauf zu ändern und nicht nur die angeblich Schuldigen zu verurteilen, zu bekriegen und das hat jetzt nichts damit zu tun, dass man jetzt zunächst einer Aggression mit äußeren Mitteln Einhalt gebieten sollte.

Das ist ok! - Nur, wenn der Feind dich auf die rechte Wange schlägt, dann halte ihm auch noch die Linke hin und durchblicke, was er mir eigentlich sagen möchte, wo die Botschaft für mich, die wirklich ist!

Alles weist nur auf offene Rechnungen hin, die es gilt von beiden Seiten-/Kontrahenten aus zu gleichen, um wieder Fließgleichgewichte herzustellen. Dann geschehen „Wunder", die aber wiederum alle ver-„ur"-sacht haben - denn „Sein Auge ist zu licht um Dunkles zu sehen"!

Somit ist das Gebet wirkungsvoll, wenn es dahin gehend verstanden wird, dass man seinen kleinen begrenzten Willen einem größeren All-umfassenden unterordnen will, sich lebendig danach dem Leben stellt und es mit "Hohem Mut" und Zuversicht annimmt und den Alltag auch als Hereinforderung sieht.

Also gilt es nicht zu beten:

"Ich will"... - weil es nicht mehr klappt, mit meinem begrenzten ver-krampften Eigenwillen! – sondern: „Ich lasse meine begrenzten Vor-stellungen los und bin bereit die Realität des „Großen Geistes" durch mich fließen zu lassen und diese zu gestalten!

Ihr werdet also in meinen verrückten Abenteuern kein Gebet von mir für einen Gott finden, der außerhalb von mir existiert, sondern ein Erschaffen aus meiner bewussten Schöpferkraft!

Sei offen dafür, ohne die geschilderte Bedingung:

„Herr befreie mich von meinen Fesseln, aber lasse mein Gefängnis so wie es ist", ist keine Offenheit!

Wie kannst du deine eigene Schöpfung zum Schwingen bringen?

Du bist niemals getrennt von dem, was du erfährst. Du selbst bist Beobachter und Beobachtetes. Das, was du für deine Wirklichkeit hältst, ist dein persönliches Märchen, dein selbst erschaffenes Wunder. Dein Glaube an dich ist die einzige Voraussetzung, derer es bedarf, um dein Leben zu meistern. Bewusste emotionale Gefühlsqualitäten sind dabei, wie geschildert, die erregenden erschaffenden Elemente.

Ich, Hieronymus, möchte da aber nicht falsch verstanden werden!

Fast täglich lese ich hier aus dem Himmel, aber auch damals zu meiner Zeit, immer in konfessionellen bzw. Eso-Kreisen den Mainstream:

„Das Ego muss gekreuzigt werden, wenn das Gebet erhört werden will - Das Ego ist doch schlecht und erbsündig und schuldig!

Das Ego ist ein wesentlicher Bestandteil deiner Seele - weder schlecht noch gut- was es ihr ermöglicht, sich als abgegrenzte Persönlichkeit zu erleben und zu erfahren. Du kannst es weder eliminieren oder aus dir heraus, außer durch Selbstmord, den Ritt auf der Kanonenkugel also verweigernd, diesem die Kündigung einreichen.

Wenn du es "schlecht" machst, machst du deine Schatten- bzw. Lebensverweigerung nur noch größer.

Im Extremfall gibt es Menschen, die müssen erst mal ein „Ego" eine stabile Persönlichkeit aufbauen, infolge von schweren psychischen Erkrankungen!

Aber deine Heldenreise mit deinen Abenteuern dient doch dazu, wie geschildert dieses Ego zur Höchsten Version, deiner Seele von dir hinzuführen. Du kannst, sollst es doch „erziehen" durch Geduld und Achtsamkeit und immer mehr Bewusstheit in deinen Entscheidungen und Handlungen hin, zur intuitiven Verbindung mit deinem Selbst. Das ist dann der Weg zur Authentizität! (Wie innen, so außen!)

Egoismus ist dabei so durchaus eine „gesunde" Eigenschaft, wo du dich erfahren, erfüllen, wirken und gestalten kannst!

Kranker Egoismus hingegen ist die Einstellung, mehr wert zu sein als der andere, sich besser und heiliger zu machen, ist eine Einstellung die sich über andere erheben möchte, sich als abgegrenztes Einzelwesen sieht!

z.B. „Nimm, Nimm, gurgelt es in einem egokranken Magen, bis alle anderen Organe schließlich verhungern oder dagegen protestieren und der habgierige Magen gar nicht registrieren will, dass er damit ebenfalls zugrunde geht.

Es ist nicht die Aufgabe das „Ego" zu eliminieren, sondern eben sein „Ego" so zu entwickeln, dass es immer mehr zu einem „bewussten Diener der Seele, dem Bildwerk des Weltengeistes wird!

„Diener" werden, heißt hier aber nicht, einem begrenzten menschlich bedürftigen Part als Sklave zu dienen, sondern zu erkennen, dass durch dieses Dienen, eben mehr Unbegrenzteres mit höheren Freiheitsgraden in das Leben einfließt. Da, wo früher Berge von Schwierigkeiten waren, wird man dann mehr und mehr nur „Maulwurfshügel" erkennen.

Also ist jede Schwierigkeit und Abenteuer da doch ein Wachstumsprogramm, dir dazu dienend!

Das wäre dann Demut „De = Deus = Gott – Mut = Mut" sprich „Hohen Mut und Zuversicht" haben, Gott bzw. dem Selbst als sein Bildwerk in seinem Lebensnetz mit seiner Ordnung zu dienen!

Ein verleugneter Körper, mit Büßer- und Asketeneinstellungen, dient nicht der Freude, die ja seiner Unbegrenztheit am nächsten kommt, sondern verleugnet ihn!

Erkenne: „Eins und Eins ist Zwei - aber Zwei minus Eins ist Eins."

Das ist die Formel der, nach der alle so fieberhaft gesucht haben, in kompliziertesten Gedankengängen:

„Eins" ist die Zahl (die „Einheit") von Gott und „Eins" ist das Geschöpf aus Gott geboren, aber voll integriert. Gott als nicht individualisiertes, sich nicht darstellen könnendes, aber du, als sein offenbarter individualisierter Ausdruck.

Aber, wenn diese „Eins" sagt: „Ich alleine will herrschen", dann ergibt das „ Zwei, Dualität, Zweiheit, Verzweiflung, Zwietracht".

Symbolisch gesehen, als Gleichnis:

Abel hatte bei seinem Opfer nicht sich im Sinn, sondern Verbundenheit mit dem Großen Geist und für das Leben. Kain hingegen hatte das "Ich" zum Mittelpunkt!

Wenn nun aus dieser Zwietracht das Erkennen kommt, nämlich oft nur durch das Leid der Ver'zwei'flung, dann will das Geschöpf wieder zurück in die Einheit.

„Zwei, Dualität, minus Ego ergibt Gott - Die Einheit".

Erkenne hier, dass du hier eigentlich niemals, wie in der Bibel symbolisch geschildert, aus dem Paradies vertrieben worden bist, und ein „Erzengel Gabriel" bzw. „Göttliche Wächter" vor dessen Tor, mit flammenden Schwert, dir den Einlass verwehren.

Du selbst hast ihm dieses Schwert in die Hand gedrückt, mit der Bitte, dich nicht hineinzulassen. Selbst, hast du mit dem Schwert, als Symbol der Entscheidung und mit dem Essen der Frucht der Erkenntnis, deinen eigenen Willen „ER" -fahren zu wollen, mit Seinem Einverständnis, die Entscheidung, die Wahl getroffen, einen eigenen Weg mit ihm zu gehen. Gerne gibt dir Gabriel jederzeit dieses Schwert zurück und der Zauberspruch, das „Sesam öffne dich" heißt wieder:

Großer Geist, Allumfassendes in mir- „Dein Wille ist mein Wille"!

Du hast eine Frucht vom Baum des Lebens im Einverständnis oder auch nicht, mit diesem entnommen, um dich in dieser Energie zu erfahren. Werde dir dieser gewählten Themen und Anlagen bewusst, sonst wird dein Leben zu einer „Leiden"-schaft, wenn du fremden Einsichten folgst. Du wirst dann zu dem, was du begehrst und wirst es in einer Bedürftigkeit nie erhalten, wenn du dich dafür an äußere Bildformen und Ideale hängst mit „Leiden"-schaft oder als geistige unverdaute Ware erwirbst und an diesen haftest.

Hänge keine bedürftige Leidenschaft oder Anhaftung emotional an irgendetwas, genauso wenig wie an Ideale und wirst die gewünschte Qualität des Seinszustandes erhalten und realisieren.
In welcher Form das zu Erlebende sich kleidet, überlasse wieder, wie schon geschildert, Ihm! Aber schaffe eben für dein Begehren ein erregendes Symbolbild, das den Kontakt, mit deinem Selbst, dem Göttlichen und so deiner Ganzheit ermöglicht, um die gewünschte Gefühlsqualität zu fokussieren und schwingen zu lassen!

Also! - Das Gebet, als bewusster Schöpfungsprozess gesehen, kann durchaus dabei eine Kontaktfläche zwischen dem menschlichen und deiner Seele, sprich deiner Göttlichkeit sein! Das bedarf einer vorurteilsfreien Offenheit und nicht „So und nur so muss es sein"!

Euer Thomasevangelium bestätigt das doch:

„Wenn ihr das in euch erzeugt, wird das, was ihr habt, erretten. Wenn ihr das nicht in euch habt, wird das, was ihr nicht habt, euch „töten".

Das wären Wut, Abwertung, Kontrolle, Unnahbarkeit, Befürchtungen, Strenge, Furcht, Minderwertigkeit, Verlassenheit contra Vertrauen und Hoffnung, von denen ich, Hieronymus, mich nie habe beherrschen lassen, sondern distanziert und bewussten Umgang damit pflegte.

Da war ich immer „COOL!"

Deine Situationen und Beziehungen sind dabei der Spiegel deiner Überzeugungen. Das Leben ist ein Spiegel, der zeigt, was er ist, was ihn hindert und an Gefühlen und Einstellungen darin investiert hat!

Die Grundvoraussetzung für wirkungsvolles Beten wäre dann:

- Im Augenblick emotional distanziert bewusster handeln
- Aufhören ständig zu grübeln zu befürchten, schuldig zu fühlen
- Mal spontaner sein, das Neue wählen können
- An Wandel und Führung glauben auch in finsteren Zeiten
- Sich von Emotionen nicht beherrschen lassen!
- Bereitschaft Altes loszulassen- bei Verlusten
- Sich nicht als Opfer oder sündig fühlen!
  (*Sünde ist eine Verdammung des eigenen Lebenswillens!*)
- Wagnisse (nicht Risiken!) eingehen können
- Sich nicht selbst aufgeben und sich seinen Ängsten stellen
- Mehr Gelassenheit und „coolness",
- an keinen dogmatischen Glaubenssätzen haften

Wo will diese ungeheure Kraft hineingesteckt werden, damit sie ins Fließen kommt?

Gebe nun deinen Gefühlen die Berechtigung da zu sein - aber registriere, dass sie keinen Weg nach außen konstruktiv als Emotion oder Kreativität finden, weil deiner inneren Zielsetzung die Kraft deiner Gefühle fehlt, die oft in Wut gepackt, im „Gefängnis" sitzt. Man flucht darüber, weil das „ICH" in der Welt nichts bewegen kann, sich blockiert fühlt und erlebt, trotz vielleicht vielerlei großer Inspirationen, die zufließen!

Das nette Gebet funktioniert augenscheinlich nicht, da die Wut doch augenscheinlich gegen Situationen und Menschen kocht und die Umwelt vielleicht noch negativ reagiert im Sinne von:

„Deine Ohnmacht spiegelt sich"

Aber Gefühle und die damit verbunden Emotionen sind eine große verwirklichende Kraft die du meist gegen schwache Situationen und Menschen richtest, anstatt „für Etwas" raus lässt!

Jetzt kommt der ernste Gag, wo viele protestieren, weil sie eben ein falsches personalisiertes Gottesverständnis einer Ehrfurcht, auch im Gebet mit weinen, winseln, jammern haben und hier kommt der revolutionierende Grundsatz:

Ein negatives emotional erregtes Gebet kann besser Wunder bewirken, als ein „persönlich emotional neutral unbeteiligtes Gebet, was dein Leben aber oft um keinen Deut bessert, da es oft gegen Menschen bzw. Situationen gerichtet ist!

Aber jetzt machst du etwas, was ja hier kein Zorn auf etwas ist, sondern für etwas!

Spreche in dir da mit dem Großen Weltengeist:

Es heißt nur: „Wer anklopft wird aufgetan!"

Jetzt nimm diese Wut, diese Empfindungen und nimm deine Bilder deiner Blockaden, als Focus für ein harmonisch fließendes Lebens, wie im netten, oft wirkungslosen ritualisierten Gebet hinein.

Jetzt packe deine ganze Wut ins Schimpfen und Fluchen über den großen Alten hinein und „klopfe" mal an:

"Ja! - Hier sind meine Ziele und meine Vorstellungen! - z.B. Du „....."Arschengel" etc.
(nimm deine schlimmsten Schimpfwörter, die deine Gefühle spiegeln)
Setze dich mal in Bewegung und nehme deinen „Hintern" hoch" - Jetzt bist du mal dran!"

Und jetzt schimpfe und schrei mal mit ihm, visualisiere und verdeutliche ihm, was du willst, bist du dich frei fühlst!

Schrei auch innerlich oder äußerlich ganz laut:

> „Ich bin doch erwünscht, da du mich geboren hast
> und deshalb bin ich es wert beschenkt zu werden"!

Der große Alte hat einen „riesen Hintern" und kann das gut verdauen und ist erst gar nicht beleidigt, da nie bedürftig. Denn, da er aber unbegrenzt ist, kann von ihm auch nur Unbegrenztes kommen, im Gegensatz von bedürftigen Menschen. Du machst dir Luft und übergibst ihm deine Gefühle. Du merkst nämlich dass es entlastet, erleichtert und fließt, auch über Tränen. Es staut nicht, also kann sich auch kein Stau über äußere Situationen immer weniger zeigen und es fängt an zu fließen. Du respektierst dich in deinen Gefühlen und Emotionen, wenn du noch sagst: „Mitgehangen, mitgefangen und jetzt tut's dir genauso weh, aber nur du kannst es ändern"!

Jetzt danach aber: „Indem sich jeder für sich niedersetzt in Bezug auf seinen Körper und sein Leben, so beruhigt er sich auch in Bezug auf seine "Leiden"- schaften und indem er sich so ausrichtet, wird er das Göttliche zu sich rufen und in Wahrheit wird das Göttliche, das überall ist, zu dir kommen. (Olympidos 6.Jhd. Alchimist)

Wenn sich jetzt da einer oder viele Leser aufregen, bitte das Neue Testament –"Das Gleichnis vom Feigenbaum" lesen (Markus 11,12-25!)

Sage aber zuletzt: "Wie Du das erfüllst, in welcher Form, überlasse ich dir - Mach „hinne", denn „Dein Wille geschehe"!

Wirkliche Freiheit bedeutet, nicht das zu bekommen, was man sich wünscht, sondern mit deiner Schöpferkraft, im Einklang mit deinem Selbst, das zu verursachen, was dir als größte Möglichkeit mit deinen Anlagen offensteht!

Wille und Charakter

Lass dich da auch nicht täuschen, von der Ansicht, dass du einen sogenannten starken äußeren Willen oder Charakter haben musst.

Ein wirklicher Meister erschafft immer seine Situationen durch die Gestaltung aus seinem Bewusstsein, bzw. ganz extrem formuliert:
Er „einbildet" und empfindet einen Baum im Einklang mit dem Bewusstseinsmeer des Allumfassenden und der Baum entsteht!

Ein starker Wille kann sich andere zerstören, besonders, wenn er mit subjektiven bedürftigen Vorstellungen und inneren (elterlichen!) Antreibern aufs falsche Ziel schaut, und von Bedürftigkeiten geprägt wird, die eben zu "Machtmissbrauch" auffordern!

Gerade da heben wir in der Geschichte recht fragwürdige Charaktere mit „starkem Willen" gehabt und haben sie mehr denn je!

In deinen Werten wirst du geprägt aber natürlich prägst du dich auch selbst!

Was ist nun an dir Selbst- oder Fremdprägung für die du deinen angeblich starken Willen einsetzt?

Die Schulung des kausal wirkenden Willens! zu einer äußeren absoluten Kampfesstärke erscheint der Seele absurd!

Der menschliche 'Wille ist begrenzt, da er mit dem schlussfolgernden Verstand Erfahrungen der Vergangenheit in die Zukunft projiziert, das ist das was der Verstand kann, das was ihm real und realistisch und vernünftig erscheint.

So also den starken Willen besonders zu betonen, geht an deiner Ganzheit vorbei und ist oft nicht besonders hilfreich, besonders, wenn man öfters an gewisse Abenteuer von mir denkt, wo dieser sicherlich nichts genützt hätte.

Er bekommt eigentlich nur wirklichen Sinn, wenn wieder Intuition, die Stimme des Weltengeistes, des eigentlichen Wagenlenkers, Gefühl und Verstand und Tun im Einklang als wirkliche Authentizität miteinander arbeiten.

Ansonsten hämmert der Mensch eben noch ohnmächtig aufs falsche Tor, eigene seelische Wirklichkeiten bzw. Anlagen, mit ihren Lernthemen schmerzlich verkennend!

Kein starker Wille schafft es z.B. so ein Baby zum Erwachsenen zu machen.

Das geschieht primär einfach durch innere Veränderung - Keine Rosenknospe oder ein Zweig kann mit eigenem "geschulten" Willen sagen:

Morgen bin ich eine Rose oder ein Baum! - Es geschieht!

Also ist der Wille eigentlich immer ein Grenzgänger der seelischen Realität, die auch mit der Intuition durch den Menschen fließen möchte und der zu erkennenden Aufgabe diese Realität zum richtigen Zeitpunkt, am richtigen Ort im richtigen Maß zu gestalten!

Auch das mit dem „Charakter den niemand zerschlägt" ist so eine Sache!

Ein Charakter definiert Umstände, sprich als unterscheidende Merkmale, unter dem er leben möchte, sich identifiziert damit, um in einer angeblichen Gleichförmigkeit des Lebens bestehen zu können. Damit ist es so dass er wirklich nicht authentisch oder sich sein „Selbst" ist.

Der Charakter ist meist an Motiven oder Beziehungsmuster der Gesellschaft gebunden und reagiert darin symmetrisch berechenbar und höchst allergisch auf störende Reize! – oft nicht entwicklungsfähig.

Die Gefahr besteht Charakter mit Sturheit gebunden in deinem Turm von Dogmatismen zu verwechseln wo der starke Wille selbstzerstörerisch wirkt, weil er z.B. seiner eigenen notwendigen Erkenntnispflicht über das Leben nicht nachkommt bzw. ein mangelndes Verständnis über das „Liebe deinen Nächsten hat" und nicht "Nein" sagen kann, in einer missverstandenen, sich selbstverleugnenden Helfer- oder Büßer - und Asketeneinstellung, die noch darüber eine erhoffte „Heiligkeit", vielleicht noch als Märtyrer anmahnt!

Er scheitert bzw. stirbt dann mehr oder weniger an seinem veraltetem Standbild oder festgefügtem Ideal!

Ein wirklicher Charakter im Einklang von Intuition, Gefühl und Verstand mehr und mehr arbeitend aber sieht auch störende Reize als Herausforderung und ist bereit seine Eigendefinition in Bezug auf sich und die Situation bewusst zu ändern, kann auch contra abgrenzendes Schmelztiegelverhalten handeln und ist in seinen Mustern flexibel, aber so nicht festgelegt!

Deswegen sagt man mir, Hieronymus nach, dass ich keinen Charakter gehabt hätte, weil ich immer „unberechenbar" war.

JA!- Es war keine festgelegte Berechenbarkeit, sondern immer bewusstes Handeln, mit klaren erzeugten inneren Einstellungen, die ich passend zu meinen Situationen im Einklang mit dem göttlichen Funken in mir, gewählt habe und die mir dann „Wunder" bescherten!

Ein wirklicher Charakter sieht dann auch störende Reize als Herausforderung und ist bereit seine Eigendefinition in Bezug auf sich und die Situation bewusst zu ändern, kann auch contra abgrenzendes Schmelztiegelverhalten oder Sturheit handeln und ist in seinen Mustern flexibel, aber so nicht festgelegt, spielerisch mit Situationen umgehen könnend!

Dabei sind wirkliche Prinzipien keine faden Moral-und Ethikdogmen oder fremde unverdaute geistige Ware, sondern es sind erfahrene und verdaute eigene Erkenntnisse, die das Leben aufdrängt oder deine Seele dich dazu, schicksalshaft hat erfahren lassen! Alles andere mögen Anregungen auf dem Weg dorthin sein!

Erfolg und Stärke

Es können gerade die stärksten sein, die erkennen, wann sie aufhören sollten! und wenn die Tür nicht für dich bestimmt ist brauchst du dir keinen blutigen Schädel holen!

Vermeintliche Stärke kann eine "Scheinstärke und Selbstüberschätzung sein, die mit Kampf und blindem Aktionismus auch noch gegen unangemessenem Ziel überdeckt, was in dem Menschen Minderwertigkeit bedeutet. und da hilft Dranbleiben auch nichts, wenn dies nicht bearbeitet wird!

Da gibt es Unbekanntes in deinem Bewusstseinskeller und du bist dabei laufend den Ball dahin zu kicken, wo kein Tor steht. Dein Standpunkt, deine Erwartungen und dein Blick stimmen nicht. Du stellst außerdem die falschen Fragen, d.h. deine Handlungen und deine Absicht stimmen nicht mit dem Inneren überein!

Natürlich ist darauf hingewiesen, dass es natürlich auch die negativ empfundenen Informationsverdichtungen sein können, die einen Menschen motivationsfördernd in seine Stärke bringen können um zu lernen nicht vor Widerständen zu resignieren und mal dran zu bleiben, genauso wie anfängliche Misserfolge!

Das nennt man Erdung und Bewusstwerdung durch eigene Erfahrungen und nebenbei gesagt, Scheitern kannst du eigentlich nie!

Warum?

Gegenfrage:

Ist die Raupe, die zum Schmetterling werden soll, nun gescheitert?

Aus dem Blickwinkel der Raupe vielleicht ja! , die ja auf den Menschen übertragen oft den alten Kokon behalten möchte und eigentlich den Spruch übt:

"Herr, befreie mich von meinen Fesseln, aber lasse bitte mein Gefängnis, wie es ist. Das wäre aber Friedhofsruhe die keine Lern- und Wachstumserfahrung ermöglicht!

Hilfreicher wäre es nun wieder mit der Grundhaltung zu arbeiten:

„Hurra!- Ich habe etwas verloren und stehe davor etwas Neues ent- aus mir heraus entstehen zu lassen und es zu gestalten!"

Scheitern kannst du eigentlich immer nur als Mensch in deiner Welt der Gegensätzlichkeiten und irgendwo wirst du da immer mal wieder „scheitern", da man als Mensch das Heute und Morgen nur bedingt überblicken kann, vor allem aus dem begrenzten Blickwinkel des Verstandes und Gefühls, mit seinen begrenzten Vorstellungen und bedürftigen Wünschen.

Nicht die Wahrnehmung, sondern wieder die Empfindungseinstellungen wie Glaubenssätze, Prägungen, zum Wahrgenommen sind oft nicht zielführend!

Außerdem kann die Wahrnehmung durchaus richtig sein, aber das Wahrgenommene ist vielleicht nicht das Ziel des begrenzten Egos - das hier nicht Herr im Hause ist! - sondern deine Seele, mit dem innewohnenden Weltengeist, ist da Wagenlenker d.h. du kannst da nichts korrigieren - Es geschieht!

Eine Raupe hat da keine falsche Wahrnehmung, wenn sie ihren Raupenkokon verlässt, um zum Schmetterling zu werden. Sie nimmt beides wahr - und jetzt muss sie eben aus der Inneren Erkenntnis entscheiden, welche Wahrnehmung sie weiterbringt bzw. welches Bewusstsein sie annehmen will:

„Ich will" oder „Ich lasse geschehen"!

Wie erschaffe ich mir den Wagenlenker für mein Leben aus meinem Elend?

Möchte ich mein eigener Wagenlenker sein?

Ich kann mich selber nur mit meinem begrenzten Willen und mir bekannten Absicht lenken. Wille und Absicht sind aber oft bloß begrenzte Ansichten über mich, ohne Erkenntnisfähigkeit.

Sie sind darum ungenügend, mein Ganzes auszudrücken!

Absicht ist, was ich absehen kann, und Wille ist, ein Vorausgesehenes vorstellbares Ziel wollen.

Aber woher nehme ich das Ziel?

Ich nehme es aus dem, was mir gegenwärtig bekannt ist oder aus der Vergangenheit. Also setze ich Gegenwart an Stelle der Zukunft. Auf diese Weise kann ich die wirkende sinnerfüllende Zukunft alleine mit meinem oft begrenzten Bewusstsein und seinen Wahrnehmungen nicht erreichen, sondern ich erzeuge künstlich eine vermeintliche neue beständige Gegenwart.

Alles, was diese Gegenwart unterbrechen möchte, empfinde ich dann als Störung und suche es wegzudrängen, damit meine Absicht erhalten bleibt.

So schließt ausdrücklich das „Ich" den Fortschritt des Lebens aus.

Womit aber kann ich Wagenlenker sein, wenn nicht mit Wille und Absicht?

Darum hat ein sich mehr und mehr bewusst werdender Mensch den Wunsch, alleine Wagenlenker für sein Leben zu sein, denn er weiß, dass Wille und Absicht wohl Ziele erreichen, aber das Werden der sinnerfüllten lebendigen Zukunft ohne Elend stören können.

Zukünftiges wird aus mir, erst in sinnvoller Zusammenarbeit mit den Seelenkräften als Wagenlenker.

Ich schaffe es alleine nicht, und doch schaffe ich es, aber nicht aus Absicht und Willen, sondern auch gegen Absicht und Willen.

Wenn ich die Zukunft schaffen „will", so arbeite ich oft gegen meine Zukunft!

Wenn ich sie nicht schaffen will, so nehme ich wiederum nicht genügend Anteil an der Schaffung der Zukunft, und alles geschieht, wirkt dann aus mir. Es ist ein Widerspruch, der nur auflösbar ist, wenn eben die Intuition, sprich die Kräfte der Seele, zusammenarbeiten mit dem Gefühl und dem Verstand in Bezug auf das Wahrgenommene!

Alles Menschliche hast du getan, versucht, die letzte Hoffnung wurde dir vielleicht noch genommen. Du bist angeblich zum Scheitern verurteilt, als Mensch, gerade mit deinem "Ich will".

Was bleibt dir?

Die Allgegenwart des Göttlichen umgibt dich an sich immer!

Aus diesem Blickwinkel aus betrachtet erkenne die Absurdität der gelegentliche Aussage von „unterschiedlichen Wegen", die womöglich das Scheitern bedingen.

Alle Wege führen aber immer nach Rom?

Warum Rom? – Rom umgibt dich – Rom ist doch schon in Dir!

Da kannst du nie scheitern, nur immer an deinen begrenzten Vorstellungen, die du ja durch Selbsterkenntnis mit deiner Schöpferkraft ändern kannst um aus dem schmerzlichen „Errare humanum est", - Irren ist menschlich, „sed perseveravisse stultum est" - aber damit weiter zu machen-, erst schmerzhaft wird!

Gott umgibt dich, ist in dir - Der Himmel umgibt dich, der Himmel mit der Erfüllung deiner wirklichen Wünsche ist in dir und erscheint, wenn du in dir alles in Ordnung gebracht hast.

Mit deinem begrenzten "Ich will" bleibst du immer nur ein Wassertropfen, der das "Mehr" aus Bedürftigkeit sucht - Das "Meer" kannst du aber nur finden wenn du sagst: "Dein Wille sei meiner!"

Da gibt es dann eigentlich nie ein Scheitern, je bewusster du es in dir fühlen und zulassen kannst!

Die subjektiven Begrifflichkeiten (Schwach, Stark, faul...), mit subjektiven Vorstellungen dabei verbunden, lösen gar nichts, sondern nur die Arbeit am eigenen Wesen, das zur Authentizität führt und zur Mitte, als Voraussetzung für meine Münchhausenwunder überhaupt!

Diese ist weder (Schein~) Stärke, noch Faulheit, noch Schwachheit noch Unfrieden und Unehrlichkeit, ist aber ein Handeln oder eine Besinnung mit Aufgeben oder Dranbleiben angemessen in der richtigen Stärke, zur richtigen Zeit, am richtigen Ort - mit deinen eigenen Anlagen - da wo dein "JA" und dein "Nein" zu den Situationen dein wirklicher Lebensausdruck ist und bewusst erkannt wird!
(*Vgl. Seite 149!*)

Es gibt nicht die Erfolgsregeln als äußere Verhaltensvorschriften.
Es gibt immer nur das, was du erschaffst!

Das hat auch mit deinen Anlagen zu tun und deinen begrenzten Vorstellungen, die du über Erfolg hast, die daher ja oft zwangsläufig enttäuscht werden müssen, besonders wenn dieses "erfolgreich" sein wollen aus deinen bedürftigen "Empfindungseinstellungen" - oft noch von den Programmierungen der Eltern, wie bei mir, Hieronymus, herrührt!

Lerne dich vielmehr wiederum als Quelle von dem zu betrachten, von dem, was du um dich herum wahrnimmst. Du hast es erschaffen!

Wenn du dort disharmonische Situationen erlebst, dann folgere:

Da gibt es Unbekanntes in deinem Bewusstseinskeller und du bist dabei laufend den Ball dahin zu kicken, wo kein Tor steht. Dein Standpunkt, deine Erwartungen und dein Blick stimmen nicht!

Du stellst außerdem die falschen Fragen, denn eine Handlungen und deine Absicht stimmen nicht mit dem Inneren überein!

Betreibe da regelmäßig Innenschau, beobachte deine Träume!

Harmonisiere damit deine Welt durch Änderung deiner Bewusst-
seinseinstellung und -raum, deine Themen und Sinn erkennend und
damit komplexe Fragestellungen deines Lebens zu durchblicken, um
auf die komplexen Fragestellungen deines heutigen Lebens antworten zu können, um dem Fließen deines Lebens mit seinen Strudeln
auch zur richtigen Zeit zu folgen und zu reagieren.

Salopp, wie ich nun als Hieronymus bin, formuliere ich es nochmal so:

Wie kommt man von seiner „Looserkarte" – verzeiht! - los! - wenn
man Probleme nicht mehr mit eigenen Mitteln lösen kann -und
jegliche "Ich" Aktivität" ausgeschöpft ist?

Dann sollte man loslassen im Sinne, "Es ist mir wurscht ".

Wenn die Gegensätze aufeinanderprallen, Intentionen deines Willens
und des Weltengeistes einander widersprechen, kommt die eigene
Dynamik zum Stillstand –Es „knirscht im Gebälk"!

Wir fühlen uns dann frustriert, ängstlich, hängen Befürchtungsphan-
tasien nach, die gehäuft auftreten, erkennen auch dabei:

Wir haben plötzlich das Gefühl, überhaupt nicht mehr zu wissen, wie
wir uns entschließen sollen, wies weitergehen soll, sind frustriert,
ärgerlich über uns selbst, unser Selbstwert sinkt bedenklich. Wir
haben in der Alltagssituation Ausdrücke für diese Phase:

Es gärt in mir, oder:
Es rumort in mir, aber ich lustlos, erfolglos unproduktiv.

Ein inneres ehrliches Loslassen im Sinne von diesem: "Es ist mir
wurscht" mit allen gehabten Vorstellungen, wie die Dinge zu laufen
haben und ich beschäftige mich nicht mehr zwanghaft damit!

Ich grabe vielmehr symbolisch ein "Loch im Garten" oder räume den Keller auf oder putze etc... ist ein bekennendes Eingeständnis, dass eine ausgleichende Gegenreaktion des Weltengeistes stattfinden kann und wird, denn meist akzeptiert er auch deine „Nichtakzeptanz!" (*Vgl. Seite 123 – Sklave!*)

Dann gilt es dem "Ich" wieder eine beobachtende Funktion zuzuweisen, und darauf zu warten, welche Menschen und Situationen, die weiterhelfen können ins Leben treten oder auf eine Idee, einen Gedanken, Traum zu "lauschen", der weiter bringt!

Sinnvoll wäre dann wieder die Einstellung:

Nicht: "Ich, gestalte meine Realität sondern "Ich lasse Seine Realität durch mich fließen und gestalte sie!

Diese "Ich-Vergessenheit" dann bringt das Wunder!

Dann wandelt sich die „Looserkarte" wieder in eine Eintrittskarte ins Leben! (Lach!)

Eine Patientin von eurem berühmten Psychologen C.G. Jung hat die Überwindung der Gegensätzlichkeiten im Alltag wunderbar formuliert:

..“Aus dem angeblich Bösen erwächst mir immer viel Gutes! Das Stillehalten, Nichtverdrängen, Aufmerksam sein, und Hand in Hand damit gehend, das Annehmen und Bewältigen der Wirklichkeit- der Dinge, wie sie sind und nicht wie ich sie nach einer Vorstellung von Liebe will – hat mir viele Erkenntnisse, aber auch seltsame Kräfte und Zufälligkeiten gebracht, wie ich mir es früher nicht hätte vorstellen können, indem ich Stellung in irgendeiner Form zu ihnen genommen. Ich habe so alle Vorstellungen von Liebe losgelassen. So werde ich nun auch das Spiel des Lebens spielen, indem ich annehme, was mir jeweils der Tag und das Leben bringt, Gutes und Böses, Sonne und Schatten, die ja beständig wechseln, und damit nehme ich auch mein eigenes Wesen mit seinem positiven und negativen an, und alles wird lebendiger.

Was für ein Tor ich doch war! - Wie habe ich doch mit dem miss-verständlichen Wörtchen „Liebe" mein Leben in menschlich begrenzte Harmonievorstellungen zwingen wollen!"

Das bedeutet, dass du dir bewusst wirst, bzw. tief aus dir heraus erkennst, dass du kein begrenztes Einzelwesen bist, das sich der Welt ausgeliefert und von ihr getrennt sieht.

Du wirst dir erfahrbarer bewusst, dass aus dir heraus, mehr und mehr umfassendere unvorstellbare Facetten und Sichtweisen entstehen, und du noch freier und bewusster deine Welt wählen bzw. erschaffen kannst, und weist, warum du es tust!

Du erschaffst dann nicht mehr krampfhaft durch Angst oder Bedürftigkeit, sondern aus reiner Freude an Verbundenheit und Entfalten, weil du jetzt weist, dass du „IN Allem Was ist" eingebettet bist. Dann kannst du dich entfalten und kannst spielen, in einer „Landschaft mit weitem Horizont!", mit vielen eigenen Münchhausenabenteuern!

Du wirst dann wieder zum Kind! – d.h. aus deinen möglichen Wirklichkeiten werden verwirklichte Möglichkeiten." – der Himmel deines Lebens – deine eigene göttliche Ordnung!

„Wenn ihr nicht umkehrt und werdet wie die Kinder, werdet ihr nicht in das Himmelreich hineinkommen." (Mt 18,7)

Wenn du im Gegensatz dazu in die Hölle kämest, dann besteht die höchste Qual darin, zu sehen, welch ein dummer Trottel du im Leben warst, nur von den Brosamen deines reich gedeckten Tisches gelebt zu haben. Du bestaunst „geflasht" die „Sahnestückchen" von Abenteuern und Themenbereichen, die auf deinem Tisch der reichen Speisen und Fülle für dich vorgesehen waren und die du nicht beachtet hast oder nicht sehen wolltest. Es blieb dir unerreichbar, als geglaubtes „Böses", das nur ungewandelte Kraft und Reichtum deines Herzens ohne Erkenntnis und Erfahrung geblieben ist... und du drehst dich um und weinst und schreist bitterlich!

Münchhausens Power: „BE Cool"

…Ich sah zurück und wurde fast versteinert, als ich einen ungeheuren Löwen erblickte, der gerade auf mich zukam und mich nicht undeutlich merken ließ, dass er beabsichtigte, mich zu seinem Frühstücke zu machen, ohne sich nur meine Einwilligung auszubitten. Meine Flinte war bloß mit Hasenschrot geladen. Langes Besinnen erlaubte mir weder die Zeit noch meine Verwirrung. Doch entschloss ich mich, auf die Bestie zu feuern, in der Hoffnung, sie zu schrecken, vielleicht auch zu verwunden. Allein da ich in der Angst nicht einmal wartete, bis mir der Löwe zum Schusse kam, so wurde er dadurch wütend gemacht und kam nun mit aller Heftigkeit auf mich los. Mehr aus Instinkt als aus vernünftiger Überlegung versuchte ich eine Unmöglichkeit - zu entfliehen. Ich kehrte mich um, und - mir läuft noch, sooft ich daran gedenke, ein kalter Schauder über den Leib - wenige Schritte vor mir steht ein scheußliches Krokodil, das schon fürchterlich seinen Rachen aufsperrte, um mich zu verschlingen…

Betäubt …stürze ich zu Boden. Jeder Gedanke, den meine Seele noch vermochte, war die schreckliche Erwartung, jetzt die Zähne oder Klauen des wütenden Raubtiers zu fühlen oder in dem Rachen des Krokodils zu stecken. Doch in wenigen Sekunden hörte ich einen starken, aber durchaus fremden Laut. Ich wage es endlich, meinen Kopf aufzuheben und mich umzuschauen, und - was meinen Sie? - zu meiner unaussprechlichen Freude finde ich, dass der Löwe in der Hitze, in der er auf mich losschoss, in eben dem Augenblicke, in dem ich niederstürzte, über mich weg in den Rachen des Krokodils gesprungen war. Der Kopf des einen steckte nun in dem Schlunde des ändern, und sie strebten mit aller Macht, sich voneinander loszumachen. Gerade noch zu rechter Zeit sprang ich auf, zog meinen Hirschfänger; und mit einem Streiche haute ich den Kopf des Löwen ab, so dass der Rumpf zu meinen Füßen zuckte. Darauf rammte ich mit dem untern Ende meiner Flinte den Kopf noch tiefer in den Rachen des Krokodils, das nun jämmerlich ersticken musste…

Vgl. Baron Münchhausen von Gottfried August Bürger (1747 –1794)

Ist dir auch da schon aufgefallen, dass ich, Münchhausen, in all meinen Situationen immer „Cool" und damit erfolgreich war?

Denke einmal an das Bild des „Phönix aus der Asche"!

Beim Phönix geht es um das Sinnbild um das Absterben von Altem, die Befreiung, der Transformation deines Bewusstseins, in der Entfaltung aus dem beengten alten Ego, in das Hineinkommen in dein wahres Selbst, das über deine Unsicherheit weit hinaus gehen soll.

Du sollst nun in diesem deinem Leben eine neue Form finden, nicht mehr eine Form, gebunden in der Bedürftigkeit der Materie sondern eine Form aus dir heraus, eine Form aus der Geistigkeit, deiner Spiritualität, eine Form dessen, was du in Wirklichkeit bist.

Es ist zunehmendes weiteres Empfinden der Unbegrenztheit, das nicht starr ist, sondern offen, und das ist die Schwierigkeit für dich. Das ist der nächste Schritt deiner Entwicklung, da sich im Äußeren in Zukunft keine feste äußere Form mehr darstellen wird, an der du dich langfristig orientieren kannst, sondern nur am empfundenen Vertrauen und Glauben an das Allumfassende in Dir.

Denn nur wenn du frei bist, dich frei fühlst, das heißt grundsätzlich offen für alles, für jede Möglichkeit deines Lebens bist, sozusagen aus dir heraus bedingungslos, nur dann kannst du geführt werden von der Kraft des „Großen Alten" in dir, in deiner Seele, deines Engels, wenn du es so sehen willst.

Diese Bedingungslosigkeit ist nun nicht zu verwechseln mit einer Schwäche, mit der du meinst, dich mit Resignation unterordnen zu müssen. Das musste ich auch erst mal in mir nachvollziehen!

Es geht darum, ein neues Sein aus dir heraus fühlen und erkennen zu lernen. Es soll dir helfen deine sich dann entfaltenden Qualitäten auch tatsächlich zu erkennen, dir wahrnehmbar bewusst werden zu lassen. Denn tief unten im Tal deines starren beengten Bewusstseins kannst du die Weite deines Lebensraumes dort oben nie erkennen.

Es sind Fähigkeiten, die du dann früher an dir nicht feststellen konntest, wenn sie jetzt beginnen zur Entfaltung zu kommen und darum geht es.

Lass dir nun aus deinem Inneren das Bild deines Engelwesens geben, das vor dir nun auftauchen wird!

Im Vorgang deines weiten und behutsamen Einatmens, atme diese Kraft nun hinein in deine Schultern, in deine Schwingen und aus den Schultern lasse diese Kraft nun Ausströmen in deine Arme und visualisiere, dass diese Arme gleich einem Phönix, gleich deinem Engel Flügel sind. Atme diese Kraft in deine Flügel hinein.

Fühle die Kraft und die Stärke, die gleichzeitig in dein Herz und in deinen Brustkorb strömt und von dort aus ausstrahlend wieder in deine Flügel, die sich immer stärker sicherer anfühlen.

All die bis jetzt vielleicht gehabten Zweifel und Unsicherheiten deines Denkens verschwinden, schrumpfen in sich zusammen, im gleichen Augenblick deines aus dir Herauswachsens, des dich Entfaltens hinein in deine wahre Größe.

Sieh und fühle dieses Emporwachsen und größer werden deines Bewusstseins, dessen, was du in Wirklichkeit bist!

Atme es ganz behutsam und erkenne dass es nur ein Kriterium deines Still gewordenen seins ist, das dich mit dem Engel in dir in Berührung bringt, dass du dem Licht, dem Klaren, in dir begegnen kannst.

Erkenne dabei, dass du nur in der Stille in dir, in deine Ordnung kommst, und auch dass in all deinen Situationen, wie auch in der Materie eine neue Ordnung nur dann entsteht, wenn Teilchen bzw. deine Emotionen abgekühlt werden und somit auch neue stabilere Eigenschaften und harmonischere Situationen in dir und damit im Außen als entsprechende Resonanz entstehen.

Dieses Abkühlen, dieses in dir Stille gehen, in die Ruhe, deine Gedanken, Befürchtungen, Ängste, die ja auch aufwühlende Emotionen, wie die Hitze beinhalten, abzukühlen, bringt eine neue Ordnung , neue Harmonie in dein Leben.

Erkenne, in diesem Zusammenhang, dass du schon öfters diese Aufforderung gehört hast in diesem „to be cool" und dass dieses "to be cool" wirklich eine ganz außergewöhnliche Bedeutung hat.

Also lerne gerade in Situationen deines Lebens die dich normalerweise nahe an den Siedepunkt bringen, dich so abzukühlen, in die Ruhe zu gehen, so dass du es schaffst, neue Eigenschaften, der sich dir in deinen äußeren sich zeigenden Situationen gegenüber darzustellen.
Das heißt im Grunde nichts anderes, als dass du eingeladen bist durch dieses ruhig geworden sein in dir, eine neue Kapazität der Problembewältigung bekommst, Du kannst mehr über den Dingen stehen und mit äußeren schwierigen Situationen besser umgehen.

Erkenne hier immer den Faktor der Spiegelung!

Das erhitzt sein in dir, bedingt durch ein gedanklich, in deiner oft emotionalen destruktiven Einstellung verharrend, stellt sich im Außen entsprechend als Konflikt dar.

Sich dem Leben gegenüber verweigern, ist ein Kennzeichen von aufwallenden destruktiver Gefühlseinstellungen, wo du mit deinem Leben nicht einverstanden gewesen bist. Verweigerungen in Form von schmerzlichen Situationen erlebst du dann auch im Äußeren.

Erlebst du im Äußeren Aktionen der Verweigerung, bist du eingeladen in dir nach zu forschen, die Verweigerung also an dein Herz (an~) nehmend, wo du möglicherweise dich vorher von der allumfassenden Göttlichkeit und Liebe, dem eigenen inneren Licht gegenüber verweigert hast.

Darum ist es so wichtig zu erkennen, dass du daran immer wieder arbeitest, dich dessen erinnerst, dich hinein fühlst, in das Kriterium deines Seins, um aus diesem Lichte heraus, das was sich dir im Äußeren darstellt, dich besser und deutlicher erkennen zu lernen.

Du wirst erkennen, dass die Dinge und Situationen, die du annimmst im „To be cool" dich nicht überwältigen, sondern du immer noch zu ihnen Stellung nehmen kannst. So wirst du lernen, wie oben schon geschildert, ein Spiel zu spielen, indem du annimmst, was jeweils der Tag und das Leben bringt, Gutes und Böses, Sonne und Schatten im Wechsel und so nimmst du auch dein eigenes Wesen an, mit seinem angeblich Positivem und Negativen und alles wird lebendiger und brauchst nichts mehr nach deinem Kopf zwingen.

Genauso löst der Engel, das Licht, deine Seele in dir existierende Probleme, Leid und Schmerz. Er kämpft nicht gegen sie mit flammendem Schwert – Er nimmt diese an sein Herz, in sein Innerstes und betrachtet es dort in Liebe, durchdringt sie mit Erkenntnis und dem damit verbundenen Gefühl der Akzeptanz und in der Flamme dieser Liebe löst sich alles auf, was dunkel war.

Erkenne in dir: „Sein Auge ist zu licht, um Dunkelheit wahrnehmen zu können."

Sei so wie er:

„Allumfassend" in deiner Liebe zum Leben.
Durch seine Schöpfung erschafft er ewig seinen Plan.
Die Körperlichkeit ist seine Erfahrungswerkstatt
Doch ohne dich wird nichts!
Er ist dein Auge, aber der Blick bist du!

Er ist dein: "Ich bin, der Ich bin."
"Ich bin der, der ich für Euch da sein werde."

So beginnen Wunder!

Mut und Zuversicht

Denk immer daran:

Du bist „EINZIG" ·ARTIG – DU BIST „GÖTTLICH"

Alle konfessionellen „Glaubensvereinigungen" aber, predigen mit Inbrunst:

„Wir sind alle Sünder" – Vergib uns unsere Schuld und unseren Hochmut. Also bin ich eh' immer „schuldig", mach' ich eh' immer „alles falsch" – zumindest habe ich diese Angst.

Was daraus „PSYCHO·SOMATISCH" entstehen kann, ist „nahe" – liegend!

Wundert dich jetzt noch was?

Aber eigentlich müssten wir ja wissen, dass Weihnachten das Fest ist, als ein Licht in die Dunkelheit der Erde kam. Und Weihnachten soll ja immer der Beginn einer neuen Zeit sein, auch wenn es bereits vor 2000 Jahren so angekündigt worden ist und bis jetzt noch nicht Licht geworden ist, auf der Erde.

Aber so nach rund 2000 Jahren ist es nun doch wieder an der Zeit, in diese Erde etwas Licht zu bringen. Es sollte eigentlich mit dir als Lichtbringer, als strahlendes Wesen SEINES" Lichtes geschehen, das durch dein Wirken mit hilft, die Erde auch wieder glücklicher werden zu lassen.

Das befreit von diesem angeblichen „Fluch" „SÜNDIG" zu sein!

Stelle dir vor! – Du hättest dein Licht bzw. dein „Selbst" –„WERT"-GEFÜHL" von Anfang Deines Lebens an gehabt:

Wie leicht wäre dein Leben gewesen - Aber es ist nicht zu spät!

Was fütterst du in Dir:

Deinen Hochmut, sprich „GOTTERFÜLLTEN HOHEN MUT" mit deinem Glauben an dich, Vertrauen, Zuversicht und Hoffnung oder die vielbeschworene „Menschlichkeit" mit ihren Bedürftigkeiten, wie Angst und Verzweiflung und Dunkelheit?

Es ist immer deine Entscheidung, was Du wählst!

Du bist Sein Ebenbild!

Wieso sollte er Dich und damit sich verurteilen?

Er gibt dir das was du in dir fütterst!

Von jetzt an: Sieh DICH! und andere „EINZIGARTIG und GÖTTLICH"!

und zolle dir und anderen: „RE" spekt („RE" = altägypt. Sonnengott) - spekt (spicere = anschauen)!

Die größten magischen Worte, die dein Leben harmonisch verändern!

„Und er nahm ihn, zog sich mit ihm zurück, und sagte ihm drei Dinge.

Als Thomas aber zu seinen Gefährten zurückkam, fragten Sie ihn:

„Was hat Jesus dir gesagt?"

Thomas sagte Ihnen:

„ Wenn ich euch aber nur eins der Dinge sagte, die er zu mir gesagt hat, werdet Ihr Steine nehmen und auf mich werfen;
Ein Feuer wird aus den Steinen kommen, und Ihr werdet euch verbrennen." (Thomasevangelium)

Dies sind nun die „Power" Worte, von mir, Münchhausen, als auch von Apostel Thomas, die deine Welt verändern!

Der Große Geist in mir, Hieronymus, hat die „Drei Worte" benannt:

„Ich bin stolz auf mich!"

„Ich bin erwünscht" und es wert „beschenkt" zu werden"

„Gott ist immer in mir"!

deswegen bin ich liebens-"würdig"

Ich bin stärker als jede Herausforderung!

Ich bin die unbegrenzte Kraft, mein unbegrenzter Glaube durch mein Vertrauen zu mir"!

Ich bin ein unbegrenztes Potential seines Seins!

Fühle es:

„Du brauchst es dir nicht verdienen und kann es auch gar nicht verdienen und es aber dennoch erhältst, weil/ du dich mehr und mehr liebst!"

und am Ende deines Lebens wirst du, wie ich, Hieronymus Freiherr von Münchhausen, feststellen:

„Ich lasse die Realität des „Großen Alten"

durch mich hindurch strömen und gestalte seine Realität!

Der Ahnenrebell

Nun, am Ende meines Lebens, nachdem ich, Hieronymus, die Schwere meiner begrenzten Körperlichkeit mit ihren beschränkten Sinnen verlassen hatte, konnte ich endlich den „verschwiegenen" unerlösten Flaschengeist meiner Ahnen sehen!

Aus einem Licht manifestierte sich nun ein überirdischer Druiden-zauberers, ähnlich Merlin, in der bekannten Artussage!

Geheimnisvolle Beschwörungen murmelnd, rührte er nun in einem Topf mit Zaubertrank. Ich sah, wie er seine Kräuter hineingab, dabei Zaubersprüche murmelnd. Ich durchschaute aber in diesem Merlin meine, jetzt befreite Ahnenenergie.

Je tiefer ich hier nun in dieses Bild mit seiner hellblauen Atmosphäre hineinging, desto mehr kam ich mit dieser „Zauberenergie" in Berüh-rung.

Ein nebliger leuchtender blauer Dampf entwickelte sich, glitzernd, belebend, einen zauberhaft mystischen Duft hervorrufend, berau-schend, beglückend, erhebend.

Jetzt sah ich die die Morgensonne aufsteigen. Ein Feuerwerk an Farben und an Freude in meinem „Herzen" erwachte. Ungeheure Kraft und Stärke, absolut gigantisch sich anfühlend, machte sich breit in mir. Ganz deutlich fühlte ich dass ich hineingewachsen war in ein großes und starkes Bewusstsein.

Diese Kraft des Lichtes, die Ideen meiner eigenen Hochzeit mit dem Licht, meiner „Hohen Zeit" mit mir selbst, dem Tempel meines „Lichtes" – meiner Seele - war erblüht!

Nun sah ich mich auf einer Anhöhe sitzen, und schon bald durch-drang mich eine erregende neue Melodie.

„Siehst du", sagte jetzt der „Merlin",

„Du bist und warst und wirst in diesem Leben deine eigene Melodie!"

Spüre jetzt in deinen funkelnden Augen dein einzigartiges vorwitziges und wagemutiges Temperament, das du erleben durftest und erkenne und betrachte mein Geschenk meiner befreiten Energie!

„Ich bin einzigartig und vom Leben erwünscht"!

„Ich bin dein Ahnenrebell", der dir das Unvorhergesehene, den Blitz der Spontaneität und Überraschungen verhieß! Ich war der Spötter über die Aufgeblasenheit deiner adligen Ahnen mit ihren selbstherrlichen Überheblichkeiten auf dem Jahrmarkt der Eitelkeiten, auch als „Närr-IN" – „Rebell" - „Rumpelstilzchen" oder „TricksterIN" in der Seele des Menschen bekannt.

Ich konnte zum Quälgeist werden, wenn du mich nicht wahrnehmen wolltest, besonders, wenn du unter dem Zwang standest, dich allzu sehr nach den Meinungen der anderen bzw. deiner Familie zu richten, um Anerkennung zu bekommen. Ich war gleichzeitig so deine unberechenbare, stets im Augenblick neu sich erschaffende Seite. Ich garantierte dir deine Unverwechselbarkeit und Individualität, weil ich eben keine lebenslange Routine mag, die dich nicht durch   Neues wachsen und erfahren lässt. Eigentlich bin ich ein Feind jeglicher Gewohnheit und deswegen deinen Ahnen ein Dorn im Auge!

Unbeschwert und fröhlich ging ich mit dir, trotz meiner, für dich inszenierten Horrorabenteuer meines Weges, als weltoffener Narr, als TricksterIN, der sich nie von Leidenschaften und Abhängigkeiten beherrschen ließ und habe mich über deine unvorstellbaren bunten „wunder"-vollen erfahrenen Abenteuer gefreut!

Ja, ich trat immer ganz plötzlich, wie ein Blitz", ins Rampenlicht dein Lebens, um dich aus verkrusteten falschen Sicherheiten und damit Abhängigkeiten und Bedürftigkeiten herauszuschleudern, aus deinen Bindungen, dem Alltagstrott.

Ich lehrte dich immer wieder das Abenteuer, als ein Autopilot, und das Spiel zu lernen, das Hinfallen und Aufstehen, das du als Kind noch so gut beherrscht hast, um bunte Erfahrungen zu machen.

Ich lockte mit Freiheit, mit bunter Vielfalt des Daseins und des Wunderbaren, mit stetig neuen Ufern in deinem Leben. Ich ließ dir dafür Überraschungen und Neues in dein Leben fließen und pflegte deine Spontaneität und zeigte dir deine Einzigartigkeit".

Du hast dabei das aus deinem Leben gemacht, was deine Eltern oder in Ihrem sozialen Umfeld, in Ihrem Alltagsleben nicht entwickelt und gelebt haben. Ich war die ihnen verleugnete Energie der Erregung, Begeisterung, Visionen, Inspirationen, tiefes Verständnis und die Befreiung von den Banden ihrer fesselnden Vergangenheit.

Ich veranlasste dich, das Unbekannte zu erforschen, über die naheliegenden Antworten hinauszublicken und mit deinem Leben zu experimentieren. Ich wollte, dass du mutig Risiken eingingst, dich auf unglaubliche Abenteuer einlassen und dadurch wachsen konntest. Ich war das benannte Böse deiner Ahnen, als Antrieb, die dich ermutigten über die in einem bestimmten Augenblick deines Lebens erkennbare Realität hinauszugehen.

Ich wollte, dass du mehr warst, als deine begrenzten Erfahrungen es für möglich hielten. Ich war der Befreier, der dich von bedrückenden Grenzen, die dir den Zugang zum Unbekannten verwehrten, befreien wollte.

Ich versöhnte mich mit deinen Ahnen und blühte auf, wenn etwas Aufregendes geschah, und ich hasste Regeln, Vorschriften oder strukturierte Organisationen. Ich repräsentierte eine lebendige Kraft in dir, die manchmal zu extremen Mitteln greifen musste, um sich mit meinen Bedürfnissen bei deinem bewussten „Ich" Gehör zu verschaffen.

Ich symbolisierte in dir die Veränderungen, Fortschritt und geistige Evolution.

Solange der Teil in dir, der auf Sicherheit bestand, nicht anerkennen wollte, dass Stagnation, Gewissen und eben nicht Sicherheit die Folge ist, wenn es an Geschmeidigkeit und Beweglichkeit mangelt, löste ich eine Krise nach der anderen aus, um dich vorwärts zu stoßen.

Umgekehrt war es genauso wichtig, dass ich als verborgenes Mitglied deiner Familienpsyche, die grundlegenden Bedürfnisse von Sicherheit und Stabilität respektiert und in notwendigen Grenzen anerkannt habe.

Bei dir, Hieronymus, haben beides – deine Einzigartigkeit und das Bedürfnis nach Gemeinschaft - schöpferisch zusammengewirkt. So war es möglich, sich dennoch sicher und behütet zu fühlen.

Ich, der Ahnengeist, gedieh dabei im angeblichen Chaos deiner unglaublichen Abenteuer. Wenn du auch fürchtetest , die Kontrolle über deine Leben auch im Angesicht eines bevorstehenden Todes zu verlieren, oder es war, als wärest du auf einer aufregenden aber auch erschreckenden Achterbahn, dann freute ich mich über jede Aufregung und jedes Risiko. Natürlich war ich da so eigennützig, dafür über Wunder, in Zusammenarbeit mit dem Weltengeist, dein Leben zu erhalten.

Meine Aufgabe war es, dir bei deiner Entwicklung zu helfen und dir Dimensionen des Lebens in haarsträubenden und dramatischen Situationen zu zeigen, die über das hinausgehen, was gesellschaftlich in deiner Familie streng definiert oder erlaubt war. Dabei verlangte ich in deinem Leben die Hauptrolle mitten auf deiner Lebensbühne. Nicht die Handlung selbst, sondern ihr Ziel als dein Lebensthema, war für mich der entscheidende Punkt. Mich kümmerten dabei keine Dinge, die für mich belanglos sind, wie Besitz, gesellschaftliche Benimmregeln, Sicherheit oder überholte Überzeugungen.

Auf ganz einfache aber dennoch dramatische Weise wollte ich erreichen, dass du dich änderst, dass du wächst, forschst und experimentierst für deine Einzigartigkeit und wachsende Bewusstseinsqualität in deinem Leben.

Ich drängte dich so, die Ahnenvergangenheit loszulassen, mit den Resonanzen auf Überraschungen, Aufregungen und Originalität. Wie du auf diese regiert hast, verdient mein höchstes Lob, besonders, wie du alle Ihre so komplex miteinander verwobenen Situationen aus deiner intuitiven Selbsterkenntnis eingeschätzt hast.

Sie waren alle im ganzheitlichen Sinne der bewussten Ahnenmuster vertretbar und sinnvoll. Du hattest dafür im „Kleid" des Offiziers die einzigartige Fähigkeit, deine rebellischen, individuellen Neigungen einzusetzen, um Veränderungen in deiner Umwelt herbeizuführen.

So war natürlich auch der Verrat durch den Sultan zu sehen (Vgl. Seite 195). Ich wollte dich da aus etwas entbinden, was du ohne Verrat krampfhaft festgehalten hättest, sei es aus Sicherheit, Stabilität vermeintlich bietend, Gewohntes angenehm aufrecht erhaltend oder weil du auf seinen einseitigen Nutzen angewiesen warst.

Du solltest da erkennen:

Wenn du erlebst, das du in einer Partnerschaft verraten bzw. betrogen bist, kann das ein wichtiger Hinweis sein, da du selbst in dir schon damit abgeschlossen hast - Das gilt auch für den Anderen, der nur sich und dich befreit!

Es beschrieb den Lebensbereich, in dem du deinen inneren Rebellen erkennen und schätzen lernen musstest, aus gesellschaftlich konditionierten Überzeugungen auszubrechen und sich von allen Verhaftungen oder Besitzansprüchen mit ihren Leidenschaften zu lösen, die du in diesem Lebensbereich möglicherweise hattest.
Ich bescherte dir da Krisen, aber war zugleich der, der dir half, diese unbeschadet zu überstehen und das oft ohne deine bewusste Kontrolle. Äußere Bedingungen und sogar Tragödien regten mich da an, dir zur Hilfe zu eilen, damit du die Probleme lösen und sich den Herausforderungen auf eine Weise stellen konntest, die du nicht für möglich gehalten und nie ins Auge gefasst hättest, um neue Dimensionen in dir entdecken zu können!

Wunderbar war in dir auch so die Einstellung:

„Hurra! – Ich habe etwas verloren und stehe davor etwas Neues, bisher Unbekanntes in meinem Leben kennenzulernen! - Meine Krisen bzw. Verluste waren in Wirklichkeit Befreiungen, von mich beschränkt habenden Situationen!

Brücken schlagen

Was bedeuten meine Abenteuer und meine Ausführungen, als Hieronymus Freiherr von Münchhausen, nun für den geschätzten Leser:

Jeder von uns hat in irgendeinem Lebensbereich einen verborgenen mehr oder minder gärenden Flaschengeist, der sich wohl bei Hieronymus extrem, da stark unterdrückt und verdrängt, austoben wollte! Er drängt da nach Anschauung im Licht deines Bewusstseins um durchblickt, erfahren werden zu dürfen!

Schau dir deine Lebensbereiche an, wo du dich immer an alten Überzeugungen und Vorstellungen von Sicherheit klammertest, und genau dort, sich wiederholend, mit mehr oder minder starken enttäuschenden Instabilität und Krisen konfrontiert wirst.

Die Botschaft deines Rebells lautet da:

Wage es, anders zu sein oder unbequem!

Lass dich mit der Überzeugung auf das Leben ein, dass jeder Schritt, den du tust, ein Abenteuer ist. Wage es, anderen durch deine Persönlichkeit, durch dein Verhalten, dein Erscheinungsbild und Kleidung auch mal zu zeigen, dass du originell und exzentrisch sein kannst.

Gestalte dein Chaos mal selbst, statt von ihm beherrscht zu werden. Dazu musst du eigene ausgefallene, unkonventionelle Wege für dein eigenes Leben finden. Suche nach einzigartigen Methoden, deinen Lebensunterhalt mit eigenen Inspirationen zu sichern. Hinterfrage dann traditionelle Werte, lehnen dich dann gegen Werte auf, durch die du dich eingeschränkt fühlst. Vielleicht sind deine finanziellen Verhältnisse durch „Mainstreamverhalten" nicht gesichert. Nutze diese dann zu deinem Vorteil, statt diesen Verhältnissen zum Opfer zu fallen.

Du willst ein unabhängiger, progressiver Denker sein?

Sammele dann Informationen von außergewöhnlichen Quellen!

Habe Mut, deine innovativen und vielleicht etwas exzentrischen Ideen den Menschen in deiner Umgebung auf einzigartige, aufregende Weise vorzustellen. Wagen es, die Institutionen in deiner Welt, die Bildung und die Politik konstruktiv in Frage zu stellen. Freue dich, wenn überholte Ideen scheitern, statt sich an ihnen festzuklammern.

Sicherheit ist für dich vielleicht ganz anders definiert als für die anderen. Statt an der Vergangenheit, an Familie oder Ihrer Herkunft festzuhalten, sollte man erkennen, dass Sie nur dann Sicherheit gewinnen können, wenn du dich gerade von den Dingen löst, welche die meisten Menschen als Grundlage für ihre emotionale Sicherheit brauchen. Entdecke, wer du wirklich bist und wie du dich von dem dann unterscheidest, was Familie und Vergangenheit lehrten.

Du musst vielleicht deine Originalität und deine ausgefallenen Ideen künstlerisch ausdrücken? Suche dazu einzigartige Methoden und Techniken für deinen schöpferischen Selbstausdruck. Vielleicht besitzt du ganz ungewöhnliche Begabungen und kultivierst diese.

Der Teil in dir, der das Risiko liebt, tritt nicht nur in romantischen Beziehungen zutage, sondern auch bei allen Aktivitäten, der mit dramatischem Selbstausdruck zu tun haben. Sie brauchen dann bei Ihrer Arbeit ein Gefühl von Wagnis und Risiko, wo Originalität und Experimentierfreude evolutionär gefragt sind?

Jede Routine, sollte da auch auf unkonventionelle Weise verwirklicht werden. Wehren dich nicht gegen vielleicht unvorhersehbare Veränderungen z.B. an einem Arbeitsplatz, sondern wirke umgekehrt mit, als Katalysator für Veränderungen und Neuerungen, vielleicht auch im Gesundheitsbereich.

Beziehungen fordern dich vielleicht heraus, das Leben aus einem einzigartigen Blickwinkel zu betrachten. Du ziehst dafür „zufällig" außergewöhnliche Menschen in dein Leben, weil ein Teil in dir die Vorteile der Distanz und der Veränderungen demonstrieren will?

Durch persönliche Begegnungen mit anderen, wird dir eine neue Art und Weise bewusst, das Leben wahrzunehmen und deine Rolle im Leben zu spielen. Lerne Sie Überraschungen und Veränderungen in Beziehungen zu schätzen, statt ihnen zum Opfer zu fallen.

Du stellst da fest, dass du laufend Risiken für dein Fortkommen eingehen müssen, die unerwartete Veränderungen provozieren. Das gilt nicht nur für Ihre eigene Lebenseinstellung, sondern auch für die Erfahrungen, die du mit anderen zusammen machst, denn dadurch werden Lebenserfahrungen „wiederaufbereitet". Sie wollen einen schöpferischen, einzigartigen unkonventionelle „Fluss finden, um deine Beziehungen zu verändern und dadurch zu bereichern.

Die weltanschaulichen Strukturen in deiner Gesellschaft reichen wohl nicht aus, um deinem Leben einen Sinn zu geben. Du bist aufgerufen, eine einzigartige, progressive und unorthodoxe Philosophie zu entwickeln. Du musst dich da wieder innerlich von deiner Umgebung mit deren Vorstellungen lösen, um die Ideen, Kulturen, und Philosophien zu verstehen, die deinen Werten „fremd" oder unbekannt sind. Du solltest aufgrund deiner Anlagen und Originalität und deines unkonventionellen revolutionär! motivierten und sinnübergreifenden Umgang mit ihnen anerkannt werden.

Deine berufliche Erfüllung ist gewiss, wenn du deiner Intuition weit genug dann vertraust, um zu experimentieren und um neue Wege zum Erfolg auszuprobieren.

Überrascht merkst du plötzlich, dass du auf eine reiche, verdaute Vergangenheit mit Weisheit zurückgreifst, die dir hilft, mit Veränderungen durch eigene Konzepte umzugehen.

Es kann da durchaus die Erkenntnis reifen, dass ein Ahnengeist nicht ausschließlich „dramatische" Potentiale enthält! Diese Ahnen~ „Leichen im Keller" machen sich dabei auch oft auch als unerwartetes kreativ schlummerndes Potential bemerkbar und lassen dich das Leben aus einem neuen erfüllenderen Blickwinkel betrachten!

Der Bund mit dem Regenbogen

Ich, Münchhausen, hatte ein Grottenhaus, in dem ich abends oft mit meinen Freunden saß und angeregt vom Wein meine Abenteuergeschichten erzählte. Früher lag Bodenwerder auf einer Weserinsel, einem Werder. Der Berghang war durch einen Weserarm vom Gutshaus getrennt. Ich konnte nur über eine Brücke im Nachbarort Kemnade mein Grottenhaus erreichen. Wenn nun meiner Herrengesellschaft dort oben der Wein ausging oder sie Hunger hatten, nahm ich eine große Flüstertüte und rief durch sie zum Gutshaus meine Befehle hinunter. Eilig machte sich dann eine Magd auf den Weg und brachte über die Kemnader Brücke die gewünschten Dinge zum Grottenhaus hinauf. (Vgl. Biographie Münchhausen)

Oft sieht es eher bei dir, wie so oft bei mir, Hieronymus, in meinen Abenteuern so aus, als würden hier gebaute Brücken vor deiner Belastung und Schwere zusammenbrechen und hättest du keine Möglichkeit mehr, den/ die anderen oder das andere über diese Brücken zu erreichen.

Doch das was dir am Ende noch bleibt, ist die eine entscheidende Brücke, die du im Bild eines Regenbogens, als eine Kemnadener Brücke erkennen kannst, und du bist eingeladen über diesen Regenbogen, das Symbol zu nachzusinnen.

Das ist die Kemnader Brücke, als quasi der Bund des Regenbogens, den das Licht, das Allumfassende seit der Sintflut mit den Menschen geschlossen hat. Er wurde von ihm geschlossen von deinem Herzen in das Herz aller Menschen und findet seine Wirkung im Außen nur über die Herzensenergie, nicht über das menschliche Gesetz.

Da bist du noch einmal dringlich eingeladen, ganz bewusst deine dich umgebende Situation zu erkennen und anzunehmen im Sinne der Akzeptanz einer Botschaft für dich.

Nun meint natürlich dein Verstand, er hat keine Ahnung, was ihm die Situation sagen soll, er kann sich auch gar nicht vorstellen, dass eine Lebenssituation zu ihm spricht, und einmal ganz ehrlich zu sein, meint dein Verstand, das Ganze sei etwas unsinnig.

Nun stehst du da im Grunde von deinem Verstand im Stich gelassen und sollst dich nun gegen die Meinung deines Verstandes, auch möglicherweise gegen die Meinung der anderen dennoch durchsetzen, sollst bei ihr bleiben, deinen Weg, deinen Kurs, deine Richtung einhalten wo doch so viele unterschiedliche Irritationen unterschiedlichster Natur auf dich zukommen.

Genau um diese Irritationen geht es und du spürst es und du merkst es, dass was um dich herum herrscht und immer eindringlicher zu herrschen beginnen wird, eine Empfindung der Instabilität ist, ein sich irritiert zeigen und es dich, wenn du nicht unbeirrbar in deiner Mitte weilst, dich aus dieser deiner Mitte bringen wird.

Es ist eine Zeit, in die du jetzt hineingehst die eines von dir verlangt, deine Sicherheit, dir deines Weges deiner Meinungen und Richtung sicherer werden könnend. Natürlich, wie sollst du es schaffen dir sicher zu sein in den unterschiedlichsten schwierigen oder beschwerenden Abenteuersituationen?

Angenommen du wärst, in unterschiedlichen Abhängigkeiten von äußeren Darstellungen, Situationen, mehr oder minder belastet. Nun fühle in dich hinein, wo diese Punkte, die Schwachstellen in deinem Leben sind, wo du dich abhängig fühlst, von äußeren Gegebenheiten, z. B auch von materiellen Quellen äußerer Versorgung oder von einer Quelle emotionaler Zuwendung, so dass du meinen könntest, wenn diese Quelle versiegt, stürzt du in eine dunkle schreckliche Haltlosigkeit.

Aber in deiner Stille , wirst du erkennen, dass es hier gerade um dich geht, um deine Situationen, und wenn es dir noch nicht so deutlich aufgefallen ist, so bist du eingeladen, dir dessen noch bewusster zu werden, was um dich herum geschieht.

Erkenne, dass ein Regenbogen mit seiner Farbensysmbolik zumeist dann entsteht, wenn es aufgehört hat zu regnen, wenn sozusagen aus menschlicher Sicht aus eine miesen Situation wieder schönes Wetter, sprich Harmonie wird, die Sonne wieder hervor bricht!

Der Regenbogen ist damit dein ganz persönliches Zeichen von grundlegenden Veränderungen in deinem Leben!

Schwere Zeiten haben ihre positiven Seiten! – Nur durchhalten?

Wer hats erschaffen - "**Du**"! - und wenn du die Schwere so positiv denkend siehst?
Ok! - Viel Spaß beim Weitererleben!

Dein dich „erfüllender" Wunsch bleibt bestehen! !

Wer kann die Schwere aber durchblicken und Wer kann sie dann nur ändern: „**Du**"!

Wie kommt das Kamel der Bibel durch das Nadelöhr? Erkenne die Bedeutung dieser Symbolik!

Wenn du voll beladen bist mit Sorgen, Unsicherheit und mit dir nicht einverstanden bist, dich ablehnst, dann wirst du nicht in das Bewusstsein und das Erleben der Leichtigkeit. Sei grundsätzlich einmal bereit, dein Kamel, sprich dein Bewusstsein zu entlasten, ihm die Lasten von Angst und Unsicherheit vom Buckel abzunehmen, um unbelastet von deinem begrenzten, kritischen, kleinkarierten Verstand mit all seinen zwanghaften Mustern, Vorstellungen in ein neues Bewusstsein hineinzugehen.

Praktisch: Wie Innen, so Außen!

Setze dich oft an einen großen See oder setze dich oft auf einen Berg! - Betrachte die Weite vor dir!

Atme die Weite - Fühle sie - Ankere das Gefühlte und empfinde es so oft wie möglich!

Atme ganz weit und fühle diese Veränderung. Fühle, wie du in diesem Augenblick von innen heraus lichter und lichter wirst und ein Wunder der Verwandlung sich vollzieht. Es verändert dich!

Fühle es tief in dir, befreie dich: „Ich bin stärker, als jede Herausforderung, die noch zu mir kommen kann. Ich bin stärker, als jede meiner Lebenssituationen, … immer wieder …".

Lass es tief in dir wirken. Atme das Licht, die Harmonie - Atme die Stärke, die sich in deinem Inneren und sich damit in deinen äußeren Situationen als Leichtigkeit manifestiert!

Aber zuvor bestand eben die Erforderlichkeit, andere vertraute materielle Brücken zusammenbrechen zu lassen, um dich in die Motivation über deine Zwangslagen zu bringen, wie oft beim mir, jetzt aus dir heraus diesen Regenbogen, diesen deinen Weg, eine Brücke in eine neue Zeit, dein neues „Bewusstgewordenseins" zu erbauen.

In der Symbolik bist du natürlich immer verbunden mit den jetzigen Situationen deines Lebens, die dir in deinem Bewusstseinsraum begegnen, dass du als Mensch immer Opfer deines Lebens sein wirst, Opfer sein musst. Die einzige Chance, die du als Mensch hast, besteht aber darin, dir die Ebene deines Opferseins aussuchen zu dürfen.

Die Wichtigkeit dieser Erkenntnis lässt dich deine Opferrolle leichter ertragen. Denn als Mensch bist du über deine Körperlichkeit sozusagen schon gebunden bzw. als Körper, in einer gewissen sozialen Umgebung, bist du einfach gebunden, in einer Verbindung.

Aber wenn du jetzt wieder einen kleinen Schritt weiter denkst, was noch damit in Zusammenhang steht, nämlich dass du dich im Sinne der Ausstrahlung/Einwirkung der Situationen auf dich, quasi schutz--los ausgeliefert empfindest, fragst du dich natürlich nach dem Ausweg für dein Leben:

„Wie kann ich es schaffen, aus dieser scheinbar so unentrinnbaren Situation mit der Körperlichkeit dennoch zu entrinnen?

Die Lösung lautet: Gehe über die Brücke und deponiere deine Situationen in einem anderen Bewusstseinsraum.

Natürlich, das Bewusstsein und seine Beeinflussbarkeit gehören zu dir und in diesem Leben kannst du dich davon nicht endgültig trennen. Du hast nur die Chance dein Bewusstsein, das menschliche, dich ängstigende, unsichere Begrenzende, in einen anderen Bewusstseinsraum zu verlagern.

Verlagere nun dieses ängstliche Bewusstsein in eine Einstellung von:

„ Ich bin alles was ist – die Fülle meines Seins"

Wieso konntest du aber noch nicht von deinem engen Hühnerhaus deines polarmenschlichen Bewusstseins noch nicht in eine große „Bewusstseinsvilla" mit vielen hellen weiten Räumen einziehen?

Dieses liegt primär an deiner ganz persönlichen Unsicherheit in deinem Verhalten über deine Meinung über die Effizienz deines Tuns und deines Selbstwertes. Denn du meinst nach wie vor, in deinem Leben noch nicht sehr erfolgreich gewesen zu sein. Du zweifelst nach wie vor an dir und du zweifelst an diesem Tun. Dein Verstand meint zu Recht, und versucht Gründe aufzuzählen, warum du nicht so recht einverstanden sein kannst bzw. einverstanden sein zu dürfen.

Überhaupt hält er viel zu oft an seinen Vorstellungen fest. Aber die gegebenen Situationen deines Lebens zwingen dich und wenn du es noch nicht so sehr als Zwang empfunden hast und sie werden dich noch viel mehr zwingen, Farbe zu bekennen, dich zu diesem deinem wahren Sein zu deinem wahren „Ich bin" zu bekennen, das die Vorstellungen des Weltengeistes durch dich hindurch fließen lassen will und nicht deine begrenzten Hühnerhausvorstellungen.

Es geht jetzt um dich, deine Situationen und deren Botschaften jeweils im aktuellen Sinne zu erfassen und es gilt es, nun sich selbst in einer höheren Dimension wahrzunehmen, die über dein Denken, es sich vorstellen können, nicht zugänglich ist.

Es geht aber um dich und dein Sein, es geht um dich, sich in vielen Situationen im Stich gelassen fühlen. Es geht um deine Bewusst-werdung deines Seins, in ein strahlendes, mit der Göttlichkeit schwin-gendes Sein. Es geht um deine symbolische Rückkehr des verlorenen Sohnes heim zum Vater, um das „Eins" sein.

Das da draußen, was eigentlich dem Menschen so viel Angst und Unbehagen bereitet, gestaltet sich in jedem Augenblick aus deinem Inneren heraus und du kannst es in jedem Augenblick verändern, wie in meinen Horrorabenteuern!

Das ist das Entscheidende im Augenblick:

So wie du empfindest, so gestaltet es sich und denke nicht das Aufgesetzte, im Sinne von „Auf diesen Felsen will ich meine Kirche bauen." Nein! - Aus diesem Felsen will ich meine Kirche herausgemeißelt sehen! - Aus diesem deinem „Ich Bin" kommt deine Glaubensstruktur deiner Überzeugung des unerschütterlichen Vertrauens.

Du bist das, das alles ist, was ist und der Weltengeist ist ja dein:

„Ich bin –der ich für dich sein soll!"

in diesem Augenblick hast du die Aufgabe angenommen, aus deinem Sein heraus, jetzt nicht nur dein Leben, sondern auch dein Leben auf Erden zu gestalten, einfach da du so geworden bist, der du bist, von Anfang an, als dein Göttliches Wesen, als das Licht, das in die Dunkelheit der Materie, des Begrenzten, ging, um es in der Dunkelheit licht werden zu lassen.

Erkenne hier das einfachste Zauberwort für dich!

Es ist universell ist und dessen Gebrauch ruft angenehmste energetische Empfindungen und damit heilsame Wirkungen hervor, ob sie dir durch dieses Wort nun bewusst oder unbewusst werden.
Jeder Mensch ist darauf programmiert und verbindet damit die tiefsten angenehmen heilenden Empfindungen, die auch die körperliche Ebene erfassen und angenehmere Resonanzen in der Umwelt mit der Zeit hervorrufen wird!

Du kannst es jederzeit anwenden und es gibt keine andere effektivere Wortform, die heilende psychische Energien oder Wunder aktivieren kann:

**„Ich bin ein unbegrenztes Potential Seiner Liebe -
Ich bin liebenswürdig und immer die Erfüllung meiner Wünsche"
durch sein Licht in mir!**

Das stellt eine wirkliche Offenheit dar, anstatt ein „Ich liebe mich", das dein Inneres oft sowieso nicht glaubt und auf das „Ich bin" kommt es immer an! - „Atme es ein", so oft es geht! – in psychische, organische oder partnerschaftlichen Themen - Es wirkt!

Erlebe so, wie sich in dir die Strukturen verändern, neue Verbindungen, neue Vernetzungen geschaffen werden, sozusagen neue „Lichtleitungen" verlegt werden und dadurch dir die Möglichkeit gegeben wird, dass eine neues Licht dein Leben beleuchtet, ein neuer Tag entsteht, ein neues Zeitalter in dir anbricht, dein jüngster Tag mit den Möglichkeiten größter Wunder und verrückter Abenteuer!

Wie konnte nun Jesus über das Wasser gehen?

Indem er sich eben mehr und mehr in der Stille der Wüste, sich „UNBEGRENZT" zu empfinden lernte!

Zweifelt etwa eine Welle, vom unendlichen Meer getragen zu sein? Zweifelt etwa der Wassertropfen in der Unbegrenztheit des Meeres, wenn er eingebettet in dieses, seine Macht und Stärke und Unbegrenztheit spüren und erfahren kann!

Je mehr du dich also unbegrenzt empfinden kannst, desto mehr, den Verstand überaschende Wunder können in dein Leben treten, so wie ich sie in meinen unbegreiflichen Wundern erfahren durfte. Ich selbst hatte sie bewusst oder unbewusst erschaffen!

Fühle dich tief ein, im immer öfteren „Stillehalten", wie Jesus es oft in der Wüste tat!

Ich, Hieronymus von Münchhausen, verstand nun und konnte es fühlen:

„Bei deiner Geburt wurden alle Dinge geboren: Ich war zugleich meine eigene und aller Dinge Ursache. Und wollte ich, so wären weder ich noch die Dinge. Wäre aber ich nicht, so wäre auch Gott nicht"
(Meister Eckehart 1295 -1326)

Die Münchhausenpower

Lebenserfolg entsteht, wenn man sich „liebenswürdig" fühlt

Zunächst sind dabei deine blockierenden Glaubenssätze aus der Kindheit zu erkennen und zu durchlichten bzw. Selbsterkenntnis zu betreiben:

Jede Verletzung geschieht primär aus einem Mangel an Liebe zu Dir!

„Ja, da ist der rote Faden – der Blockierende Glaubenssatz: Ich habe erkannt"

Wie wäre es denn, wenn du prinzipiell deine Träume mit ihren dahinter stehenden oft bedürftigen Motiven der Göttlichkeit, des Weltengeistes, dem Allumfassendes übergibst und ihr die Entscheidung überlässt, in welcher Form du von deinem wirklichen Münchhausen -Traum „ER" - erfüllt (= ER füllt) wirst.

Dabei gilt es deine Unerfülltheit mal zu relativieren, die ja deine bedürftigen begrenzten Träume mit der „Nichtakzeptanz" oder „Opferseins" deines bisherigen Lebens spiegeln und verstärken.

Nimm sie aus deinem Leben heraus, indem du erst einmal grundsätzlich einverstanden mit deinen erschaffenen Leben wirst und überflüssige Stress- und Misserfolg erzeugende menschlich begrenzte Wünsche und Träume damit loslässt.

Der wirkungsvollste „Zauberspruch" zur Erfüllung deines Lebens, wo Hoffnung, Wünsche und Liebe sich dann gegenseitig ergänzen:

„Ich achte mein bisheriges Leben und bin so richtig stolz darauf!" (es bis dahin geschafft zu haben!)
und jetzt
Empfinde es immer wieder und formuliere es tausend Mal bei jeder Handreichung und Handlung in deinem Leben: (Habe dabei ein Bild aus deinem Leben vor Augen, wo du dich richtig stolz fühlen konntest)
„Ich bin so stolz auf mein bisheriges Leben - „ich bin es wert" reich beschenkt zu werden!".

So nimmst du deinen begrenzten Eigenwillen heraus und öffnest dich voll Vertrauen dem Allumfassenden, von dem nur was kommen kann:

Die Heimkehr

Wirkliche Freiheit bedeutet so, nicht das zu bekommen, was man sich wünscht, sondern mit deiner Schöpferkraft, im Einklang mit deinem Göttlichen Meer in dir, das zu verursachen, was dir als größte Möglichkeit mit deinen Anlagen offensteht!

Alles dient also deiner Erfahrung, als ein Münchhausenabenteuer, das dich hin entwickeln soll, zu dem, was in deinem Lebensfilm deiner Selbstfindung, deiner Höchsten Version von dir, dient, die als Seele immer da ist, aber entdeckt und erfahren werden möchte.

Nun aber beendige ich meinen Kurs in meiner „Münchhausen Power" und überlasse es dem Leser, wie und in welcher Form er meine Betrachtungen auf seiner Heldenreise durchs Leben umsetzt und erfahren will!

Sicher ist eines! - Die Heimkehr in das große Allumfassende Meer wird, wie beim mir, Hieronymus Münchhausen erfolgen und du wirst, wie ich rufen:

„Meine Seele, mein Gott wo bist du?

 Hörst du mich? -Ich spreche, ich rufe dich - bist du da"?

rief ich, am Ende meines Lebens

„Ich bin wiedergekehrt, ich bin wieder da! -Ich habe aller Länder Staub von meinen Füßen geschüttelt und bin zu dir gekommen. Ich bin bei dir, nach langen Jahren langer Wanderung und wundervollen verrückten Abenteuern bin ich wiederum zu dir gekommen.

Soll ich dir erzählen, was ich alles geschaut, erlebt, in mich aufgenommen habe, oder willst du nichts hören, von all jenem Geräuschvollen des Lebens und der Welt?

Aber eins musst du wissen:

Das „Eine" habe ich gelernt, dass man nämlich dieses Leben leben und sich lebendig fühlen muss. Dieses Leben ist der Weg, der längst gesuchte Weg zum Unfassbaren, das wir „Göttlich" nennen. Es gibt keinen anderen Weg. Alle anderen Wege sind Irrpfade.

Ich fand den rechten Weg, er führte mich zu dir, zu meiner Seele. Ich kehre wieder, durchgeglüht und gereinigt. Gib mir deine Hand, meine fast vergessene Seele. Welche Wärme der Freude, dich wieder zu-sehen, dich vormals vielleicht so verleugnete Seele. Meine Seele, mit dir, soll meine Reise weitergehen.

Mit dir will ich jetzt weiter wandern und zuvor einmal erst aufstei-gen zu unserer Zweisamkeit, mit dem Reichtum meiner Erfahrungen und neuen Abenteuern im Herzen!

Wir sind jetzt wieder die Einheit in der Zweiheit!

Der Große Alte und ich, Hieronymus Münchhausen verabschieden sich nun mit einem:

Leben ist immer ein Ritt auf einer Kanonenkugel!
Du kannst sie zwar während deines Fluges wechseln,
Wenn man während oder am Ende seines Lebens absteigt,
fällst Du sogleich auf eine Neue!
aber „Er"-fahren und „Er"-leben musst du den Ritt!
Du entscheidest „Wie" im Einklang mit „Ihm"!

Du weißt ja! – „Lonely Rider!"

Wenn du in Schwierigkeiten oder Abenteuer steckst,
denkt der Weltengeist immer an dich
Every day, I am with you!
Step by step!
Day by Day!
From eternity to eternity!
Loving you! – Loving, loving only you and your crazy wonders!

Axel Englert geboren 1956 in Aschaffenburg

Studium von Pädagogik mit Schwerpunkt „Erwachsenenbildung und „Pädagogische Psychologie" und nachfolgender Managementtätigkeit in Industrie und Bildungswesen.

Seit 1994 - Selbständige Tätigkeit als Trainer für Supervision, Sinn- und Konfliktmanagement, Ziel- und Teamfindungsseminare, Mentaltraining, sowie Persönlichkeitstrainings und Buchautor. (Vgl. www.mental-x.de) auf der Basis der „Archetypischen" Psychologie von C.G. Jung.

In seiner „Ganzheitlichen Psychologischen Praxis" begleitet der Autor neben Firmenberatungen seit mehr als 25 Jahren Menschen in Lebens- und Beziehungskrisen, in privater- und beruflicher Neuorientierung und ihrer eigenen Persönlichkeitsentwicklung.

Unterstützt wird diese Praxis, als Heilpraktiker für Psychotherapie, durch selbst entwickelte systemischen Aufstellungsberatungen, sowie die effektive Arbeit mit modernen Imaginationsverfahren und ergänzenden eigenentwickelten „Wertimaginationstherapien".

Mit seinen Büchern möchte der Autor auf die heilende und lebensverändernde Kraft von inneren Bildkräfte und Symboliken hinweisen, die erst einmal freigesetzt, große psychische „wunder"-volle Energien in zu verändernde oder transformierende Lebenssituationen fließen lassen können.

Dadurch kann auch wieder ein Zugang zu dem gewonnen werden, was Religio" (Rückbindung im Sinne des „Erkenne dich selbst!") und sinnhaftes Leben bedeutet, und dass diese seelischen Themen sehr praktisch und in nachvollziehbarer Weise das persönliche Leben begleiten und verändern können.

Auf diese Weise können Schwierigkeiten in der eigenen Psyche und damit in der Lebensführung überwunden werden, Heilung und Erweiterung der Persönlichkeit werden leichter möglich.

Das Ziel bleibt in jedem Fall dasselbe:

Den Kontakt mit der Seele, mit ihren Antriebskräften herzustellen und die unendlich weise Führung kennenzulernen, die in jedem von uns lebt, die aber so wenige in die Realität umsetzen können.